旅游研究前沿书系

- 建设国家（文化）公园
  打造中华文化重要标志
- 归纳分析中国国家（文化）公园的
  开发和管理经验
- 建言献策于中国国家（文化）公园发展

National (Cultural) Park
Management
Case Research in China

国家（文化）公园管理中国案例研究

邹统钎 主编　苗 慧 副主编

旅游教育出版社
·北京·

图书在版编目（CIP）数据

国家（文化）公园管理中国案例研究 / 邹统钎主编. -- 北京：旅游教育出版社，2022.9
（旅游研究前沿书系）
ISBN 978-7-5637-4432-9

Ⅰ．①国… Ⅱ．①邹… Ⅲ．①文化－国家公园－管理－案例－中国 Ⅳ．①G122

中国版本图书馆CIP数据核字(2022)第120312号

旅游研究前沿书系
国家（文化）公园管理中国案例研究
邹统钎　主　编
苗　慧　副主编

策　　划	赖春梅
责任编辑	贾东丽
出版单位	旅游教育出版社
地　　址	北京市朝阳区定福庄南里1号
邮　　编	100024
发行电话	（010）65778403　65728372　65767462（传真）
本社网址	www.tepcb.com
E - mail	tepfx@163.com
排版单位	北京旅教文化传播有限公司
印刷单位	天津雅泽印刷有限公司
经销单位	新华书店
开　　本	710毫米×1000毫米　1/16
印　　张	14.75
字　　数	200千字
版　　次	2022年9月第1版
印　　次	2022年9月第1次印刷
定　　价	62.00元

（图书如有装订差错请与发行部联系）

目 录

序 言 …………………………………………………………………………… I

第一章　长城国家文化公园 …………………………………………… 001
第一节　长城国家文化公园概况 ………………………………… 002
第二节　长城国家文化公园的建设进展 ………………………… 006
第三节　长城国家文化公园的管理体制研究 …………………… 012

第二章　大运河国家文化公园 ………………………………………… 017
第一节　大运河国家文化公园概况 ……………………………… 018
第二节　大运河国家文化公园的规划 …………………………… 021
第三节　大运河国家文化公园的建设现状 ……………………… 025
第四节　大运河国家文化公园管理体制的探索——以江苏段为例 … 030

第三章　长征国家文化公园 …………………………………………… 037
第一节　长征国家文化公园概况 ………………………………… 038
第二节　长征国家文化公园规划 ………………………………… 040
第三节　建设现状 ………………………………………………… 042
第四节　建设问题 ………………………………………………… 045
第五节　高质量发展铸就未来 …………………………………… 046

第四章　黄河国家文化公园 …… 051
第一节　黄河国家文化公园守护着中华民族的根和魂 …… 052
第二节　沿黄各省建设现状 …… 053
第三节　建设意义：坚定文化自信，打造中华文化重要标志 …… 057
第四节　黄河国家文化公园发展方向 …… 058

第五章　三江源国家公园 …… 063
第一节　美丽中国新篇章——三江源 …… 064
第二节　合理规划构建空间布局"保护伞" …… 068
第三节　三江源国家公园体制创新实践 …… 070

第六章　大熊猫国家公园 …… 081
第一节　大熊猫国家公园概况 …… 082
第二节　大熊猫国家公园建设历程 …… 085
第三节　管理体制机制 …… 088
第四节　主要矛盾及改革对策 …… 092

第七章　东北虎豹国家公园 …… 099
第一节　东北虎豹国家公园概况 …… 100
第二节　东北虎豹国家公园开发与管理 …… 104
第三节　东北虎豹国家公园建设成效与成果 …… 109
第四节　总结 …… 111

第八章　海南热带雨林国家公园 …… 113
第一节　海南和热带雨林国家公园概况 …… 114
第二节　海南热带雨林国家公园发展规划 …… 116
第三节　海南热带雨林国家公园建设历程与管理模式 …… 122
第四节　海南热带雨林国家公园问题与对策、创新与启示 …… 127

第九章　武夷山国家公园 ······ 131
第一节　"双世遗"武夷山概况 ······ 132
第二节　武夷山国家公园的规划创建过程 ······ 136
第三节　武夷山国家公园的管理模式 ······ 141
第四节　武夷山文化与自然遗产的保护创新点 ······ 146

第十章　神农架国家公园 ······ 149
第一节　神农架：北纬31度的"绿色奇迹" ······ 150
第二节　发展历史与建设过程 ······ 152
第三节　神农架国家公园管理模式与法制建设 ······ 154
第四节　旅游开发利用和保护 ······ 157
第五节　安全与可持续发展 ······ 160

第十一章　钱江源国家公园 ······ 165
第一节　钱江源国家公园概况 ······ 166
第二节　钱江源国家公园的规划 ······ 170
第三节　钱江源国家公园的建设现状问题 ······ 174
第四节　钱江源国家公园的管理体制改革与对策 ······ 180

第十二章　南山国家公园 ······ 183
第一节　南山国家公园概况 ······ 184
第二节　南山国家公园的规划 ······ 188
第三节　南山国家公园的建设现状问题 ······ 192
第四节　南山国家公园的管理体制改革与对策 ······ 197

第十三章　香格里拉普达措国家公园 ······ 199
第一节　普达措国家公园概况 ······ 200
第二节　普达措国家公园规划 ······ 202
第三节　普达措国家公园的建设问题 ······ 205

第四节　管理体制改革与对策 ……………………………………… 208
第五节　普达措国家公园的特色创新 ……………………………… 209

第十四章　祁连山国家公园 …………………………………………… 211
第一节　祁连山国家公园概况 ……………………………………… 212
第二节　祁连山国家公园的建设过程 ……………………………… 213
第三节　祁连山国家公园的管理体制 ……………………………… 217
第四节　祁连山国家公园的管理体制改革及对策 ………………… 222

序　言

2017年5月，中共中央办公厅、国务院办公厅印发的《国家"十三五"时期文化发展改革规划纲要》中明确，规划建设一批国家文化公园，形成中华文化的重要标识。2020年10月29日，中国共产党第十九届中央委员会第五次全体会议通过《中共中央关于制定国民经济和社会发展第十四个五年规划和二〇三五年远景目标的建议》，提出要建设长城、大运河、长征、黄河等国家文化公园。国家文化公园的定义是我国首创。邹统钎认为：国家文化公园是由国家批准设立，为打造国家文化重要标志、坚定国家文化自信、增强国民文化认同，整合具有国家代表意义的文化遗产和文化资源，以保护传承利用、文化教育、公共服务、旅游观光、休闲娱乐、科学研究为主要功能，实行公园化管理运营，具有特定开放空间的公共文化载体。

象征着中华民族大一统的长城国家文化公园、凝聚了运河城市群域性文化的大运河国家文化公园、诠释着红色革命精神的长征国家文化公园、守护着中华民族的根和魂的黄河国家文化公园，无疑都有其独特的民族文化标识，是中华民族的无价精神瑰宝。

2021年10月，在联合国《生物多样性公约》缔结方大会第十五次会议上，中国政府宣布正式设立武夷山国家公园、海南热带雨林国家公园、东北虎豹国家公园、大熊猫国家公园、三江源国家公园为首批5个中国国家公园。中国的国家公园借鉴世界国家公园的发展模式，取其精华去其糟粕，结合我国发展实际，探索出具有新时代中国特色的国家公园发展体系：在三江源国家公园的建设中积极探索草原承包经营权流转的运营机制；运用国内较为完善的野生动物监测体系配套大熊猫国家公园的建设；东北虎豹国家公园探索出新型协作保护体制和模式，对中俄虎豹跨境保护做出了巨大贡献；海南热带雨林国家公园"生态立省"的战略使它从蛮荒岛成功蜕变；双世遗武夷山国家公园提出景观资源有偿利用的措施，有效化解了自然资源保护与居民经济利益发展之间的矛盾；神农架国家公园则通过"一园一法"保护了北纬31度的绿色奇迹；钱江源国家公园发起的清源行动在保护当地生物多样性方面取得较好成效；南山国家公园首创了行政权力清单集中授权机制，有效提高了建设及服务效率；普达措国家公园则采用创新共管共享的社区发展模式助力公园发展；祁连山国家公园结合当地实际发展情况积极构建生态扶贫模式并健全生态补偿机制。每个国家（文化）公园的风格特色各有不同，其规划建设亦有匠心独运之处，希望中国国家（文化）公园能完成打造国家文化重要标志、为人们谋幸福的使命。

  本书对上述4所国家文化公园及10所国家公园的政策布局、选定规划、建设方案、特色理念进行了介绍，着重对已建成的国家（文化）公园的发展经验进行总结分析，以期对我国国家公园体系的整体建设有所帮助。在本书编写中，邹统钎任主编，苗慧任副主编，邹统钎设计全书框架结构。具体写作分工为：宋杨，第一章；席小童，第二章；焦万鹏，第三章；苗慧，第四章；李晓萌，第五章；苗慧，第六章；周琳，第七章；邹明乐，第八章；邹瑶，第九章；李哲，第十章；胡晓荣，第十一章和第十二章；张昊，第十三章；牛毓琪，第十四章；最后由苗慧统稿。在此感谢大家的付出。由于编者水平有限，内容尚存在不足之处，恳请大家批评指正。

邹统钎

2022年3月8日星期二于北京

第一章 长城国家文化公园

第一节　长城国家文化公园概况

一、长城文化遗产资源概况及保护

长城是中国的象征，是中国现存规模最大的世界文化遗产，更是中华民族智慧的结晶，它见证着不同文明之间的碰撞和交流，肩负着向世界传达中华文明核心价值的使命。从长城普查情况看，历代长城总长度21 196.18公里，包括10 053段墙体，1762段壕堑，烽火台、敌台、马面、城楼、水关、铺房等单体建筑29 507座，关隘、城堡2210座，挡马墙、品字窖、壕沟等相关设施189处。

长城的建设跨越公元前3世纪至公元17世纪，东起山海关，西至嘉峪关。1987年，长城被联合国教科文组织列入《世界遗产名录》。2006年，国务院颁布《长城保护条例》，进一步明确了各级政府和有关部门的法定职责。根据调查统计，我国历代长城资源分布在北京、河北、天津、山西、辽宁、内蒙古、吉林、黑龙江、河南、山东、陕西、甘肃、青海、宁夏、新疆15个省（自治区、直辖市）的404个县（市、区）[①]。

长城文化遗产资源呈线性分布，跨越了北京、天津、河北、河南、山西、内蒙古等15个省区市，404个县域，总长度达2万多公里。其中，约1/3的长城资源分布于内蒙古，其次是河北、山西、甘肃、辽宁、陕西、北京等地。随着国家文化公园建设的全面启动，长城作为文化资源富集带、生态屏障保护带、游憩空间生产带，将带动沿线人民走向小康、走向幸福。

从遗产保护角度看，国家越来越重视对长城遗产的保护。2015年8月，国家文物局发布《长城保护规划编制指导意见》，针对长城遗址保护提出相关要求[②]。2019年1月23日，文物局、文化和旅游部共同发布了《长城保护总体

---

① 国家文物局.中国长城保护报告［R/OL］.（2016-12-01）［2022-3-1］.http://www.nach.gov.cn.
② 国家文物局.关于征求《长城保护规划编制指导意见（征求意见稿）》意见的函［EB/OL］.（2015-08-26）［2022-3-1］.http://www.ncha.gov.cn/art/2015/9/24/art_2237_42077.html.

规划》，强调秦汉长城和明长城是长城保护的重点内容之一，并提出规划核心是对长城价值的保护与展示[①]。2019年7月24日，《长城、大运河、长征国家文化公园建设方案》对各类型的国家文化公园建设做出战略部署[②]。2020年10月，在十九届五中全会上通过的"十四五"规划指出，要明确问题与目标，守住底线，积极创新，推动公共文化服务体系和文化产业体系建设。健全的长城、黄河等国家文化公园，担负振兴文化产业发展，展示中国国家形象的使命任务。

二、长城国家文化公园的功能分区

长城国家文化公园建设的背景是发掘好、利用好长城文物和文化资源。长城国家文化公园建设的重要任务是管控保护、主题展示、文旅融合、传统利用四大主题功能区建设。根据各地文物和文化资源的整体布局、人居环境、自然条件、基础设施等情况进行规划设计各功能区。

1. 管控保护区

为了长城及相关文物的保护管控而设置管控保护区，它与《长城保护总体规划》确定的文物保护单位的保护范围相同。各地对长城文物本体及长城所在地周边环境进行严格管控与保护。

其中北京段设立1片管控保护区，由文物保护单位保护范围、世界文化遗产区及新发现发掘文物遗存临时保护区组成。河北划定管控保护区的总面积约840平方公里，由文物保护单位保护范围、世界文化遗产区及新发现发掘文物遗存临时保护区组成。为了严格管控文物本体及环境，采取封闭管理的方式。

2. 主题展示区

主题展示区包括核心展示园、集中展示带、特色展示点等展示空间。核心

---

① 文化和旅游部，国家文物局.关于印发《长城保护总体规划》的通知［EB/OL］（2019-01-23）［2022-3-1］. http://www.ncha.gov.cn/art/2019/1/28/art_2318_27012.html.
② 中华人民共和国中央人民政府.中共中央办公厅、国务院办公厅印发《长城、大运河、长征国家文化公园建设方案》［EB/OL］.（2019-07-24）［2022-3-1］. http://www.gov.cn/xinwen/2019-12/05/content_5458839.htm.

展示园是对人们进行开放的空间，人们在此区进行参观游览，因此地理位置和交通条件都需要相对便利。长城作为线性文化遗产，集中展示带至关重要。若是要展现长城文化带上相应的省市县级文物资源，就要汇集成文化载体密集的文化展示带，将这条线上与长城相关的文物资源串联起来，形成一条长城历史文化的集中展示带。特色展示点主要是展示一些有特殊文化意义、体验价值，但是布局又较为分散的长城相关文物点。

其中北京段为5片，由展示主题明确、价值突出、边界明确、功能完善的公共文化空间组成。河北段重点建设山海关、大境门、金山岭3个核心展示园，山海关长城、金山岭长城、白羊峪长城等42个集中展示带，板厂峪长城砖窑遗址群、张家口堡等258个特色展示点。

3. 文旅融合区

文旅融合区主要是依据长城文物和文化资源的外溢辐射效应，推进长城区域的经济发展。此区是长城国家文化公园建设文旅深度融合发展的主体功能区。文旅融合主要是做出业态，推出文旅项目、文旅产品，发展文旅企业，推动旅游产业的发展。

其中北京段为20片，由主题展示区及其周边就近可观可游的历史文化、自然生态、现代文旅优质资源组成。河北段则由主题展示区及其周边历史文化、自然生态、现代文旅优质资源组成，建设文旅融合发展示范区。

4. 传统利用区

传统利用区是一代代人在这个地区从事生产生活而形成的一个特色传统区域。在此区，要适当控制大规模的生产经营活动，逐步减少那些不符合国家文化公园建设规划要求的设施和项目。保护特色是首要任务，并以此为基础，适度发展文化旅游或特色生态产业。

其中北京段有90个，由北京长城沿线的城乡居民和企事业单位、社团组织的传统生活生产区域组成，具有深厚的长城历史与文化内涵。河北段则是合理保存传统文化生态，为了更好地发展文化旅游、特色生态产业，构建长城关堡类、长城戍边类和特色资源类三类传统利用区。

三、建设长城国家文化公园的精神内涵与意义

（一）长城突出代表的文化精神

宏伟壮丽的长城是中华文明的智慧产物，汇聚天地之灵气，被视为中华民族的形象与中华文化的象征。长城早已成为自强不息、坚不可摧的民族精神的象征，前赴后继、众志成城的爱国情怀的象征，艰难困苦、玉汝于成的伟大中国的象征。它历经了两千多年的沉淀，见证了历史的沧桑，培育了具有中国特色和深远意义的长城精神。它体现出团结一致、众志成城的爱国主义精神，坚韧不屈、自强不息的勤劳勇敢精神，守望和平、共赢包容的民族团结精神，与时俱进、革故鼎新的开放创新精神①。

长城文化蕴含着丰富的和谐哲学理念，巧夺天工的建筑之美与鬼斧神工的自然之美，美美与共，如诗如画，既统一又流畅。和谐的文化理性起源于劳动人民追求和合协调、和谐共生的文化境界，长城的建筑者们巧妙地利用山势走向和地形地貌，利用当地的材料，依山就坡建造出这一举世闻名的伟大工程，"关隘塞城风格各异，个性独具，八达岭之雄，慕田峪之秀，司马台之险，山海关老龙头之奇，各显风采"②。

（二）长城国家文化公园建设的意义

2019年8月，习近平总书记在甘肃嘉峪关考察时指出，"长城凝聚了中华民族自强不息的奋斗精神和众志成城、坚韧不屈的爱国情怀，已经成为中华民族的代表性符号和中华文明的重要象征。要做好长城文化价值发掘和文物遗产传承保护工作，弘扬民族精神，为实现中华民族伟大复兴的中国梦凝聚起磅礴力量"③。

建设长城国家文化公园对于文化产业发展具有重要意义，同时也是彰显中华民族文化自信的创新探索。一方面要加强对长城文化遗产的保护，另一方面要加强保护中的传承，积极改善环境，充分利用长城雄伟的自然风光和深厚的

---

① 河北地方志编纂委员会.河北省志（第81卷长城志）[M].北京：文物出版社，2011：3，6.
② 刘素杰.长城精神的新时代价值蕴含及其实践途径[J].河北地质大学学报，2020（2）：127-131.
③ 张宁.认真贯彻习近平总书记重要指示批示精神，全面提高明长城遗址保护水平和质量[N].中国文物报，2019-09-27（03）.

文化底蕴，建设国家文化公园，建立文化公园展示体系，让大家在直观的体验和深刻的感悟中，认同、领会长城蕴涵的文化价值。

第二节 长城国家文化公园的建设进展

建设长城国家文化公园是贯彻落实党中央、国务院决策部署的必然要求，是推动旅游高质量发展的生动实践。建设范围上，其涉及北京、天津、河北、河南、山西、内蒙古、山东、辽宁、吉林、黑龙江、陕西、甘肃、青海、宁夏、新疆15个省区市。根据我国区域划分，将长城国家公园划分为东段、中段、西段，其中东段包括长城国家文化公园河北段、北京段、天津段、山东段、辽宁段；中段包括长城国家文化公园山西段、内蒙古段、吉林段、黑龙江段、河南段；西段包括长城国家文化公园陕西段、甘肃段、青海段、宁夏段、新疆段。

一、长城国家文化公园东段——建设先行区，构建明确空间布局

长城国家文化公园东段相较于中西段来说建设进程较快，包括：在全国率先印发《长城国家文化公园（河北段）建设保护规划》及《建设实施方案》，积极构建规划实施体系的河北省[①]；立足首都城市战略定位，率先形成示范效应的北京市；精心规划设计，开展"大而美"建设，强化多层多点展示的天津市；对齐长城实现全面踏查，推进文化遗产保护的山东省；建设重点区段，扎实推进建设，拥有"九边之首"美誉的辽宁省。

长城国家文化公园东段整体空间结构布局较为明确。可通过整合资源，构建科学的空间结构布局，以便开展建设工作。河北段以明长城为主线，全面展示长城的文化生态价值，构建"两带、四段、多点"的总体空间布局。北京段

[①] 李秋云，苑潇卜，杜森，等.河北有力有序推进长城国家文化公园建设［N］.中国文化报，2021-12-09（005）.

根据长城所在地区各种文化旅游资源的保护和开发要求及资源禀赋、山川环境、公共服务设施等,确定"一线、五区、多点"空间结构总体布局,作为亮点,展现了北京长城的历史文化风光。天津段结合长城天津段的分布特点,在建设和保护的基础上,结合保护、传承和利用的总体要求,构建"一带两段多点"的空间布局。山东段围绕齐长城,以资源普查为基础,构建"一带三区多点"的空间布局,充分展现长城文化。辽宁段通过构建"两带、四区、多点"的空间布局,提升长城国家文化公园辽宁段的知名度、美誉度与影响力。(见表1-1)

表1-1 长城国家文化公园东段整体空间结构布局

地区	空间布局	内容
河北段	两带	燕山长城文化遗产带和太行山长城文化遗产带
	四段	山海关段、金山岭段、大境门段和崇礼段。是长城河北段中建设保护利用相对成熟的段落,具有很高的景观文化价值,是长城精神最集中的体现,是需要打造的重点区段
	多点	与长城重大历史事件存在直接联系,以具有文化景观典型特征的代表性段落、重要关堡、重要烽燧等作为标志点,如老龙头、白羊峪、喜峰口、紫荆关、倒马关等
北京段	一线	长城资源主线,是长城军事防御体系的主体,是体现长城核心价值的历史文化遗存区,主要落实严格保护管控要求
	五区	马兰路、古北口路、黄花路、居庸路、沿河城5个核心组团区域,每一片几乎都以"明星"段长城冠名,涉及长城墙体长度约占北京长城总长度的10%
	多点	多个长城核心展示园、集中展示带、特色展示点、文旅融合区及传统利用区,包括长城沿线的历史文化、自然生态、现代文旅优质资源、城堡、传统村落等
天津段	一带	天津长城文化遗产带
	两段	长城的建设保护利用相对成熟的"黄崖关—前干涧"段、"船仓峪—赤霞峪"段
	多点	长城沿线其他重要的标志性文化遗产、长城关堡、特色长城村镇及其他中华传统文化、红色文化和社会主义先进文化资源景观等
山东段	一带	长城文化展示带
	三区	结合长城文化与红色文化,建设"三片区":红色文化体验区、文化集中展示区、民居体验区
	多点	建筑节点、公共空间节点、环境要素节点、非遗展示民宅

续表

地区	空间布局	内容
辽宁段	两带	辽西长城文化带和辽东长城文化带，以辽宁省现存最完整、景观价值最高的明长城为主体
	四区	以虎山长城和内外线堡城为核心的鸭绿江下游长城防御体系展示区，以绥中蓟辽长城交接段和兴城古城为核心的辽西走廊山海城岛防御体系展示区，以建平县烧锅营子乡燕秦长城和张家营子镇汉长城为核心的辽西北早期长城防御体系展示区，以及以北镇广宁城、镇边堡和凌海市龟山长城、大茂堡为核心的军镇核心段防御体系展示区
	多点	将与长城的重大历史事件有着直接的联系，同时具有文化景观典型特征的多个标志性长城点段、关堡卫所等作为形象标志点

河北境内的长城资源十分丰富。河北深入挖掘区域优势资源，明确项目定位，优化项目布局，努力为长城国家文化公园的高质量建设提供借鉴和模式，力争成为标杆和样板。通过连接长城人家、传统村落、文旅融合示范区等重要节点的风景道，促进园区建设与文化建设、经济发展的融合发展，推动生态文明与城乡建设，最大限度地发挥国家文化公园的文化效益、社会效益、生态效益和经济效益。其中，10个项目被列为国家重点项目，数量居全国首位。河北省结合景区、景点数字化升级，大力推进长城沿线智慧景区建设。目前，山海关景区已被提升为河北省智慧景区示范点。未来，更多的长城高端景区将被提升为省级智慧景区示范点。河北省依托长城河北段丰富的文物、文化生态资源，以游客需求为导向，规划推出了12条以四大主题为主的优质旅游线路，传承和弘扬长城精神，叫响长城河北段品牌。

北京段长城占据全国长城资源的5.38%，除已开发的八达岭、慕田峪、司马台、居庸关等部分长城外，还有大部分未开放的"野长城"集中在欠发达的边远地区，这些资源都值得进一步深入挖掘[1]。北京长城分为北齐长城和明代长城，其中以明代长城为主体，明代长城以砖石为主，整体保存完好，连续完整。它也是中国拥有长城的15个省、自治区、直辖市中保存最完好、最珍贵、最复杂、文化最丰富的长城地段[2]。建设北京长城文化带，对于加强长城的保

---

[1] 景俊美.遗产廊道与北京长城文化带构建[J].前线，2019（10）：67-69.
[2] 李飞，宋金平.廊道遗产：概念、理论源流与价值判断[J].人文地理，2010（2）：74-77+104.

护、传承和利用，优化沿线生态环境，促进区域绿色发展具有重要意义①。科学规划布局四大功能分区，巩固和发扬北京长城多年来的建设和保护成果，为长城国家文化公园的建设提供有益的样板经验。

天津境内发现的长城集中分布在蓟州区北部山区，天津长城是明蓟镇长城精华地段之一，并且具有"小而全"的特点。天津段长城的保护利用取得了显著成效，具有突出的资源价值优势。在推进长城文旅协同方面，天津市积极整合优势，突出黄崖关明长城的文化特色，努力提高文旅活动的文化品位。天津长城国家文化公园的建设应突出自身优势和特色，明确自己的文旅融合功能定位，确定发展机制，在京津冀联动的基础上，对长城文化旅游资源进行开发管理；从项目类型、产品主题、主营品牌等方面，采取差异化战略，实现与京冀两地的错位发展，实现三地长城文化旅游资源的共赢，避免同质竞争②。

位于山东境内的齐长城，是我国现存最古老的长城，也是保存状况较好的古代长城。它具有重要的历史文化价值、科学研究价值及旅游观赏价值。齐长城蜿蜒千里，跨越山东济南、临沂、泰安、淄博等地。山东段的目标是以深化文化旅游融合为着力点，以重点项目建设为切入点，扎实推进长城国家文化公园山东段的建设。要严格进行文化遗产的管控保护，将齐长城沿线地区列为检查、整治重点，坚持开展违法整治和生态环境修复治理专项行动，指导齐长城沿线相关城市做好相关点段遗址的保护方案，做好齐长城全线墙体的保护、沿线重点军事设施保护等文物本体保护修缮和展示利用工程。要建立齐长城国家文化公园，利用齐长城文物和文化资源的外溢辐射效应，积极发展文化旅游，助力乡村振兴，推动区域经济社会发展③。

辽宁境内的长城由于建设较早、边镇城市排名靠前、防御责任较重等特点，在中国历史上占有特殊而重要的地位，并拥有"九边之首"的美誉。长城国家文化公园辽宁段的建设目标分三步走：2020—2023年为重点建设阶段；2024—2025年为全面提升阶段；2026—2035年为展望阶段。辽宁段把丹东

---

① 刘素杰，吴星.建设国家文化公园，促进长城沿线区域绿色发展——以京津冀长城保护与传承利用研究为例［J］.河北地质大学学报，2020（05）：135-140.

② 邢亚萍.天津长城国家文化公园建设要探索因地制宜、科学创新、融合发展之路［J］.中国民族博览，2020（24）：202-204.

③ 李西香，高爱颖.国家文化公园视域下齐长城的文化内涵与时代价值［J］.济南大学学报（社会科学版），2021（06）：26-31+173.

段、绥中段、兴城段、建平段、锦州段作为五个重点建设区段。丹东虎山段以虎山长城遗址为核心，重点推进东北亚边疆历史文化博物馆建设项目等，完成长城旅游风景道建设。辽宁省积极打造长城公园，将辽宁地区长城保护与全域旅游和乡村振兴结合起来。

二、长城国家文化公园中段——加强资源保护，重点建设功能分区

长城国家文化公园中段是由以下几段共同组成：保护为主、加强文旅融合的山西段；宣传长城知识、建设高质量展示区的河南段；加快建设步伐、强化项目建设力度的内蒙古段；增强长城保护意识、把握重点建设的吉林段；持续推进项目、建设金长城核心展示区的黑龙江段。

山西段拥有4000余处长城遗址，山西保存较完整的明长城就达896.53公里。山西省始终把长城保护放在第一位，在加强资源保护、做好规划编制、深化文旅融合、完善交通服务、抓好项目建设、实施综合配套、创新体制机制、加强宣传展示上下功夫，协调和促进长城沿线文物资源的保护、继承和利用工作。在文旅融合方面，山西省提出建设广武边塞长城文旅融合区。

河南段长城包括东周时代的楚长城、魏长城、赵长城，它们均为我国的早期长城，其中楚长城为历史文献记载、考古发掘证实以及著名专家认可的中国最早的长城。河南省加大了对长城的保护力度，营造和改善对长城保护更加有利、更加和谐的自然和社会环境，向社会宣传长城知识，普及长城保护意识，增强文化自信。河南省提出建设魏长城大伏羲山文旅融合高质量示范区。

内蒙古段长城资源丰富，全长达7570公里，占全国长城总长的35%，在15个省（自治区、直辖市）中位居第一。内蒙古强调要加大新城区坡根底秦长城、清水河县明长城、包头市固阳县秦长城3个项目的建设力度。在管控保护方面，内蒙古自治区政府与各盟市签订了《长城保护工作责任状》，并将长城保护经费列入自治区级财政预算，清水河县明长城国家文化公园已完成了招标工作，目前正在设计中；坡根底秦长城国家文化公园项目前期勘察工作已经完成，前期准备工作正在进行中；固阳县秦长城国家文化公园项目的总体规划也已完成，正全力以赴推进各大项目进度。

吉林省长城资源是我国长城的重要组成部分，它延伸了我国长城的疆域，填补了不同时期长城建设技术的空白，同时又具有鲜明的民族性和边疆性。吉林省制定建设实施方案，为通化赤白松古城遗址保护修复和延边边墙修复两个重点项目安排专项资金，这两个项目已列入国家长城建设和保护规划中。

黑龙江省的齐齐哈尔市境内拥有长达213公里的金长城遗址。黑龙江将加快建设金长城核心展示园、牡丹江边墙风景道两个国家重点项目和其他8个省级重点项目，同时，更好地协调长城国家公园建设规划与省级规划、地市级旅游规划，确保长城国家文化公园建设顺利推进。

三、长城国家文化公园西段——利用长城资源，逐步提升展示水平

长城国家文化公园西段包括：筑牢文物安全底线、统筹协调关系的陕西段；开辟传承利用新路、加强科技保护的甘肃段；挖掘长城文化资源、建设重点项目的青海段；贯通长城重要节点、完善基础设施的宁夏段；利用长城资源、推进文化润疆工程的新疆段。

陕西省拥有丰富的长城资源，它们分属战国秦长城、隋长城和明长城，是万里长城的重要组成部分。陕西段加强长城基础工作，规范长城保护工程管理，统筹协调城乡建设与长城保护的关系，深化"四个一"工作机制，实施长城周边道路环境整治工程，对长城保护区内的煤矿进行专项整治，建立榆林长城巡查与安全监管平台，推进了长城国家文化公园的建设。陕西重点实施榆林镇北台、红石峡、定边盐场堡长城国家文化公园项目（一期）建设，以及加快镇靖堡至龙洲堡段长城保护修缮项目开展等工作。

甘肃省长城沿线文物和文化资源种类与数量繁多、分布广。甘肃省通过对长城国家文化公园的建设，深入挖掘以长城为核心的历史文化资源，实施公园化运营管理，突出完整保护、灵活继承和适度发展，为协调推进长城文物资源保护、传承和利用开辟新途径。在建设长城国家文化公园的过程中，甘肃省从土质长城保护难度大的实际出发，注重加强科技保护。甘肃实施10项全省重点地区长城抢险加固工程与"数字长城"项目，促进长城的永久保存与永续利用。

青海明长城作为世界文化遗产中国长城的重要组成部分，是以明代西宁卫长城为主体的军事防御工程，具有重要的历史文化、科学研究及文化景观价值。青海以大通回族土族自治县、贵德县、互助土族自治县、乐都区长城段为核心，通过规划、重点项目建设和文旅融合示范区建设等，推进长城国家文化公园青海段的建设。

宁夏回族自治区的长城遗迹主要有战国时期的秦长城、宋长城和明长城，以及秦汉长城和隋长城。宁夏围绕银川河东长城段、盐池县盐州古城等核心展示园以及相应的集中展示带和特色展示点，建设横城至花马池明长城文化旅游廊道等项目，连接长城重要节点，完善核心展示园内基础设施。

新疆境内已有国家认定的长城资源212处，其中烽燧186处、戍堡26处。新疆的文物遗址、考古成果是注释新疆"四史"最好的活字典，要加强对文物保护研究成果的利用，讲好新疆故事，增强中华文化的吸引力和影响力，大力推进文化润疆工程。新疆计划用3年时间，利用新疆丰富、具有代表性的长城资源，打造文化和旅游融合发展精品景区、文化旅游风景道和中华文化标识。

第三节　长城国家文化公园的管理体制研究

长城作为我国线性文化遗产资源的典型代表，遗址多且分散，区域跨度大，保存环境复杂。作为大型文化遗产保护的新方式，如何在立足于尊重文化遗产、彰显长城沿线文化资源特色的前提下，将长城沿线众多的文化元素有机结合，建设具有中国特色的长城国家文化公园，是当前迫切需要解决的问题[①]。长城国家文化公园具有多元主体，包括政府、企事业组织、志愿者个体等。管理体制的合理性对管理的效率和效能有着直接性的影响，也是长城国家文化公园建设的核心问题和关键环节。

---

① 王克岭.国家文化公园的理论探索与实践思考［J］.企业经济，2021（4）：5-12.

一、长城国家文化公园管理体制的现实样态

长城是跨省市、跨部门的大型历史文化遗产，在长城国家文化公园建设方面，创新管理体制机制，构建协同管理机制，是一条必经之路。河北省作为长城国家文化公园的试点省份，已于 2021 年 6 月 1 日起正式实施《河北省长城保护条例》，长城国家文化公园首次入法。2021 年 2 月，河北省迁安市成立了全国首个县级长城国家文化公园建设保护机构——长城国家文化公园管理中心，负责迁安市内长城国家文化公园的整体规划、资源利用等工作，促进文旅深度融合，形成统筹推进、市县联动、高效运转的建设保护工作体系。

2021 年 2 月 9 日，我国正式成立国家文化公园专家咨询委员会，下设长城专家组，长城国家文化公园体制建设发展进入新阶段。各省市在具体指导下，分别成立省级建设工作领导小组，编制各省份发展规划，推动建设基础工程，各项工作均取得了实质性的进展。

但由于缺乏成熟案例以供参考，实践探索的过程中定会存在统一管理机构缺位、保护管理力量薄弱、协调统筹不畅等诸多问题。从实际情况出发，我国长城区域跨度大，亟待建立跨区域、跨省市、跨部门的统一管理体制和协同管理机制。

二、长城国家文化公园管理体制构建的路径选择

从创新性角度看，长城国家文化公园建设需要在把握国家公园的本质属性中强化长城保护。依据我国和国外典型国家的实践，坚持垂直管理体制、统一管理机构是国家公园管理高效的必然选择。长城作为跨区域、跨省市的大型线性文化遗产，涉及部门多、牵扯利益广，因此需要创新管理体制机制，由中央统筹管理，建立统一的管理机构，形成以政府为主导的垂直管理体制。在国家统筹、统一规划的框架下，支持和保障地方创新和社会参与，进一步探索长城国家文化公园建设新模式，形成政府主导、群众支持、社会参与的长城保护新局面。

（一）垂直管理体制

根据长城国家文化公园的建设现状，实施垂直管理体制具有合理性。首先，建设长城国家文化公园是一项国家工程，必须由国家统筹领导、统一规划。此种管理体制模式解决了建设中面临的我国长城跨区域、跨部门的难题，明确了国家在政策制定和战略规划中的指导地位，对我国长城国家文化公园公益性、文化性和科学性目标的实现具有推动作用。其次，各省（市）成立专门机构统一对长城国家文化公园的管理事项行使管理权，可以有效避免实践中政出多门、条块管理现象，使"权责明确、运营高效、监督规范"的管理模式和"中央统筹、省负总责、分级管理、分段负责"的工作格局真正落到实处。最后，中央统筹确保长城国家文化公园建设的资金来源，避免过度依靠地方政府。由中央统一领导，统筹协调具体工作安排，将大大提高管理工作的效率。

（二）社区共管机制

社区共管机制是指地方政府、管理机构、社区居民和其他参与主体建立合作伙伴关系，共同参与保护管理方案的决策和实施，实现权力、责任和利益的共享[①]。首先，在实行垂直管理体制的基础上，进一步确定我国长城国家文化公园的管理主体为当地管理机构和社区管理组织。当地管理机构代表国家行使管理权，肩负管理长城国家文化公园生态环境的职责；当地社区管理组织经管理机构授予权力并在其监督指导下行使管理权。其次，采取以共管委员会为主的管理模式，由决策小组和当地社区村（居）委会管理社区事务。此外，还需要健全社区合作机制。当地社区可以与有合作意向的企事业组织或个人签订协议进行项目保护合作；合作保护协议双方由当地管理机构进行监督。最后，健全生态保护补偿制度，明确保护补偿标准，将补偿资金作为专项资金纳入当地财政预算，由中央统一拨付，以保障原住居民的基本权益。

（三）公众参与机制

在明确长城国家文化公园管理主体的基础上，要引导社会力量积极参与到保护长城国家文化公园的工作中，鼓励企事业单位、民间团体、志愿者个人等

---

① 倪东.自然保护地社区管理法律问题研究［D］.保定：河北大学，2020.

多方主体参与到保护长城国家文化公园的工作中。首先，将长城国家文化公园与乡村振兴相结合，建立社区参与和志愿服务机制，形成政府主导、社会多方参与的保护新格局。其次，大力开展长城文化教育宣讲工作。设立"长城文化博物馆"，聘用专职管理员通过讲解、宣传等多种多样的方式向公众开展长城文化教育，弘扬长城精神，提高大家对长城的保护意识。健全生态管理和公益性岗位制度，聘请园区内的居民作为生态管理人员，负责长城国家文化公园日常的设施维护等工作。管理机构还应建立与相关部门的信息资源共享和协商机制，协助公众开展公园保护监测活动，为公园的生态和自然保护提供有力的数据支持。此外，科研机构也可以对长城线性文化遗产保护修复等工作进行研究，为管理机构实施决策建言献策。

三、长城国家文化公园管理体制改革的对策

对长城国家文化公园管理体制的探索，是长城国家文化公园发展的关键环节，在中央、地方、部门和社会组织管理中起着关键性的作用。长城国家文化公园应当在国家统筹和统一规划的框架下，鼓励和保障地方创新和社会参与，逐步形成长城保护新局面——政府主导、群众支持、社会参与，真正实现长城由国家文物保护单位向国家文化公园的转型。此外，还需要考虑以下三种对策：

一是尽快建立统一事权、分级管理的体制。现在长城文化带沿线本身就设有长城保护管理、事业规划、土地建设、交通等众多部门，部分长城位于军事管理区内，比如北京地区的司马台长城部分地段就处于军事管理区内，还有一些长城位于多省、市、县交界处，这些都涉及所有权、管理权、经营权等问题，便需要建立一套严格的管理体制，明确管辖权，打破部门和地域限制，避免政策多头，建立有效的跨区域协同管理体制，解决多头管理的问题。

二是要加强对长城国家文化公园的认识，解决文旅融合的难点。人们不仅要认识到长城是古老的军事防御体系工程，它承担着文化传承的使命，而且要认识到长城国家文化公园区别于现有的长城风景旅游区。长城风景旅游区虽然是国家文化公园的重要组成部分，但长城国家文化公园在对长城的保护利用等方面的三度（广度、深度、力度）与旅游区是不一样的，它要比长城风景旅游

区更加强调和彰显长城文化的内涵和价值。文化和旅游相融合是长城国家文化公园建设的重点也是难点。

三是加强对长城的保护，进行合理的开发。长城分布广泛，对处于农田保护区以及戈壁、深山中的长城来说，交通和建设方面便是一个亟须解决的问题，多数点段目前还不具备建设国家文化公园的条件。保护开发处于偏远地区的长城，需要从整体上统筹协调，从体系上以点带面，逐步拓展。

第二章 大运河国家文化公园

第一节　大运河国家文化公园概况

一、大运河的历史沿革

大运河作为世界上最古老、规模最大的在用运河,从公元前486年在扬州落下的第一锹到今天已有2500余年的历史了,它对中国领土统一、南北地区交流都起到了巨大的促进作用,反映出中华民族高超的智慧、无上的勇气与坚定不移的决心。如今大运河仍然发挥着航运、行洪、灌溉、输水等重要功能,为保障国家经济繁荣、社会生活稳定持续贡献能量。

从兴建时间上看,大运河主要分成三个历史时期:春秋战国至隋朝时期的邗沟,隋朝至元朝初年的隋唐大运河,元朝至清朝末年的京杭大运河。

(一)春秋战国至隋朝时期的邗沟

公元前486年,吴国因北上伐齐需要,借自然地理优势,因地制宜贯通了长江与淮河,这条有历史记载的大运河最早开凿的河段,被称为"邗沟"。春秋战国时期,为了满足称霸中原的需要与战事运输的需求,各实力强盛的诸侯国竞相开凿工程规模较小的运河,将两条不相交的天然水系简单连接,达成水系互通,这些运河后来演变为大运河的关键河段[①]。

(二)隋朝至元朝初年的隋唐大运河

诸侯国开凿的地方性运河的良好基础,客观上为隋唐大运河的诞生做好了准备。隋唐时期,为连通南方经济中心、促成南北经济沟通发展,以及满足北方战事物资运输需要,掀起了运河建设的第二次高潮。通过开凿通济渠、永济渠,修整拓宽江南运河,疏浚整修浙东运河,连接各地方性运河,形成了当时

---

① 谭徐明,于冰,王英华,张念强.京杭大运河遗产的特性与核心构成[J].水利学报,2009,40(10):1219-1226.

全国唯一一条横贯东西、纵贯南北的全国水路干道构架，实现了以国都洛阳为中心，北抵涿郡（今北京通州地区），南达宁波（今浙江宁波），2000多公里的中国大运河的第一次全线贯通①。

（三）元朝至清末时期的京杭大运河

公元13世纪后期，元代定都北京，国家政治中心转移，为将江南地区丰富的物产输送至北京，元朝开凿了济州河、会通河和通惠河三条运河，其中会通河的开凿将南北大运河裁弯取直，使运河基本呈现出南北走势，实现杭州直达北京的元代大运河全线通航，此即今京杭大运河的诞生。明清时期，政府高度重视运河漕运，在元朝京杭大运河的基础上多次整治、疏浚、修容、扩建，确保通航安全，完善漕运管理制度，设置漕运总督、河道总督，运河沿线的城市开始诞生并持续繁荣，形成"四大都市""东南四都"，运河通航状况始终保持良好状态。

二、大运河国家文化公园的资源总体概况

大运河国家文化公园，包括京杭大运河、隋唐大运河、浙东运河3个部分，全长近3200公里，具有2500多年历史，涉及北京、天津、河北、江苏、浙江、安徽、山东、河南8个省（市），通惠河、北运河、南运河、会通河、中（运）河、淮扬运河、江南运河、浙东运河、永济渠（卫河）、通济渠（汴河）10个河段，包含了类别丰富的文化遗产点。

大运河沿线文化遗产具有等级高、类型齐全的特点，其所具有的各种物质和非物质文化遗产，以及全国重点文物保护单位、古都、国家级历史文化名城、历史文化名镇等，在全国占有较大比例。大运河是人与自然和谐相处的杰作，古人利用天然湖泊、湿地和冲积扇、天然河流，顺势而为，成功地实现了南北之间的交流，连接了经济腹地与政治中心，反映了人与自然的高度和谐②。大运河有10条主要的古代人工水道，在2014年申报系列遗产时，中国

---

① 王程，曹磊.京杭大运河的历史演变及文化遗产核心价值[J].人民论坛，2019（30）：140-141.
② 毛锋，聂跃平，陈述彭.伟大的生态文明工程——对中国大运河遗址的再认识[J].地球信息科学，2008（04）：511-519.

专家组选取了各河段的典型河道段落和重要遗产点，它们由31个地区的河道和遗产点组成，总长度1011公里，其中大部分河段仍然充满流水，并有部分河段仍在发挥着航运的功能。大运河遗产共有85个主要遗产类目，包括27个运河段和58个大运河上的文化遗产①。遗产类型包括闸、堤、坝、桥、水城门、纤道、码头、险工等运河水工遗存，仓窖、衙署、驿站、行宫、会馆、钞关等大运河的配套设施和管理设施，以及一部分与大运河文化意义密切相关的古建筑、历史文化街区等，缓冲区总面积为55 835公顷②。

三、大运河国家文化公园的遗产核心价值

2014年，第38届世界遗产大会宣布中国大运河项目成功入选《世界文化遗产名录》，作为仍在使用的活态线性文化遗产，大运河的价值已得到世界公认。

大运河是中国及世界重要的水利工程文化遗产，它是人类智慧、决心和勇气的具体证明，是人类创造力的杰出范例，它在一个古老的庞大农业帝国中展示了华夏人民的工程技术能力和对水文地理知识的精通，经过世世代代几千年的不懈创造发明与技术创新，由此产生出巨大而丰富的历史价值与科学价值，成为见证中国历史的伟大工程。大运河历经2500余年，从区间运河的开凿到形成贯通五大流域南北水路的干线，从区间运河到形成相对独立的工程体系，其水利工程庞大，航运技术成熟，故至今仍然具有航运、供水、灌溉、调水、生态、旅游等作用，大运河丰厚物质文明的光芒在历史与现代的长河里熠熠生辉③。

在人类历史上，大运河具有重要的社会价值和文化意义。大运河作为中国乃至世界历史上最为重要的古老运河，见证了"分久必合，合久必分"的历史岁月，加强了各地区、各民族间的文化交流和了解，见证了中华文明的进步。大运河实质上是中国古代劳动人民顺应自然、改造自然的产物，它承担着广泛

---

① UNESCO. The Grand Canal（China）No 1443［R］.ICOMOS, 2014.
② UNESCO. The Grand Canal（China）No 1443 Bis［R］.ICOMOS, 2016.
③ 谭徐明, 于冰, 王英华, 张念强.京杭大运河遗产的特性与核心构成［J］.水利学报, 2009, 40（10）：1219-1226.

的生产生活功能，包括调水、饮用、灌溉、交通、生态、养殖、娱乐、锻炼等，留下了大量与人民日常生活密切相关的文化遗产。大运河所带来的繁荣的文化交流与传播，为艺术文化的兴起和发展提供了坚实的物质基础。在大运河的沿线，与人民生活起居、生产劳动息息相关的非物质文化遗产如同一座异常珍贵的宝库，在涛声漫漫的渔火深处诞生出传说、说唱、谜语、民歌、号子、舞蹈、音乐、信仰、戏曲、美术、民俗等精神文明食粮，展现出中华民族在无尽的历史长河里积淀下的成熟的人文气质和文脉地位[①]。这种精神文明价值不断扩大着大运河在国内外的知名度和美誉度，对国家统一局面的形成，对中华民族认同感和自豪感的培养发挥了重要作用，同时也对国际交流、中国在国际上的话语传播产生了一定影响。

第二节　大运河国家文化公园的规划

一、大运河国家文化公园的功能分区

根据《长城、大运河、长征国家文化公园建设方案》（以下简称为"《建设方案》"）的规划和要求，大运河国家文化公园分成4类主体功能区重点开展建设[②]。

一是管控保护区，建设保护第一、传承优先的样板区，在保护红线范围内对以往传统文物以及环境实施严格保护和管控，这也是大运河遗产保护工程重点实施的区域。在大运河国家文化公园的边界设定和建设中，必须考虑遗产的价值、保护和管理条件以及现有的主要问题。

二是主题展示区，包括核心展示园、集中展示带、特色展示点3种形态，构建展示格局多维、综合展示体系健全、展示体验方式丰富的大运河国家文化公园。主题展示区作为四大功能分区的关键，应涉及包容性社会发展、协同发

---

① 王健，彭安玉.大运河国家文化公园建设的四大转换［J］.唯实，2019（12）：64-67.
② 河为线・城为珠・珠串线・线带面，大运河国家文化公园这样建［N］.新华每日电讯，2021-10-28（006）.

展区域经济、深度文化体验与保护等各方面。基于大运河呈线状连续性的特征与其依托的核心遗产特征，有必要严格遴选若干核心展示园构成系列园区，共同支撑国家文化公园主题，作为国家层面规划建设的重点，形成代表中华文化的重要标志。集中展示带和特色展示点则适合由国家和地方层面联合确定，发挥资源集聚的效力，同时鼓励特色展示点不断融入集中展示体系。值得注意的是，大运河国家文化公园的建设并不以发展现状作为遴选的必要条件，而是更加注重文化资源在推动包容性社会发展、带动区域经济发展、促进环境可持续发展、改善民生、提升文化自信等方面的作用。

三是文旅融合区，重点利用文物和文化资源的溢出效应和辐射效应，将主题展示区及其周边就近、可供展览的历史文化、自然生态、现代文化和旅游优质资源组合起来，打造文化旅游深度融合发展示范区。大运河国家文化公园文旅融合区应最大限度地利用出色的文学作品和艺术作品，高品质地开发产品，合并生态环境相关的产业系统，发挥地区文化旅游的独特性，全面提升文旅融合水平，促进地区的经济高质量发展，促进大运河国家文化公园的文旅价值空间的扩张。

四是传统利用区，即城乡居民和企事业单位、社团组织的传统生活生产区域，在该区域，要合理保存传统文化生态，适度发展文化旅游、特色生态产业，适当控制生产经营活动，逐步疏导不符合建设规划要求的设施、项目等。大运河国家文化公园传统利用区应通过保护传统文化生态，规范区内城乡居民和企事业单位、社团组织的生产经营活动，取其精华、去其糟粕，推动绿色产业发展，逐步形成绿色生产生活方式。同时，充分利用区域内聚集的各类生活、生产资源，大力支持文物、文化资源的保护、传承和利用，适度融入文旅与特色生态产业，实现协调发展，使传统利用区成为大运河国家文化公园的重要支撑空间。

二、国际文化遗产保护的发展与我国大运河文化遗产保护面临的挑战

在第 38 届世界遗产委员会会议中，大运河成功列入《世界遗产名录》，这意味着大运河国家文化公园具有了世界文化遗产的保护属性。根据国际上普

遍遵循的《世界文化遗产地的管理》（Managing Cultural World Heritage）所提出的世界文化遗产保护和管理的基本方法，世界文化遗产要在保护遗产物体本身或遗产核心区域范围的同时，兼顾与文化遗产所处的遗产地的协同发展，使得文化遗产和遗产地在共同的社会环境与文化经济环境中"一荣俱荣"，密切二者的联系，以便在遗产地层叠积淀的多种历史文化类型中，"突出普遍价值"的发挥，建立起具有包容性、互助性、可持续发展，能被居民普遍认可和共同推崇的保护管理与发展机制。

目前，我国大运河文化遗产保护与传承利用秉持着"搞大保护，不搞大开发；搞大开放，不搞大建设"的原则，做到保护优先、有序进行。大运河是为了满足人类需求、受人类活动影响进而形成的线性纽带，其文化遗产分布呈现出带状的特点，覆盖区域广泛、跨越尺度较大，且历史文化的区域特色明显，尽管具有多样的自然生态系统，但各地域文化风格交流融合比较和谐。作为被联合国教科文组织列入《世界遗产名录》的大运河，其不仅代表着中国的文化，更见证了人类的文明发展历程，因此在建设大运河国家文化公园的过程中，保护好大运河文化遗产是首要条件，也是一个复杂、庞大的长期系统工程。

由于大运河国家文化公园各沿线城市建设本身就存在着地域性差异，各省市对于大运河国家文化公园的建设进度也不一样。开发较早的城市已取得了一定的成绩，具有相对完善的运河旅游产品与管理布局，而开发较晚的城市则蓄势待发，从制定古运河保护利用规划开始实施，把对环境污染的治理，对物质、非物质遗产的保护作为近期目标。纵观各省市现行的对大运河文化遗产保护与利用的实际举措，归纳出以下正面临着的三个文化遗产保护方面的挑战：

（一）自然河道环境的保护与管控

尽管大运河在古时人们南北往来、航运生产的交流中发挥着不可替代的作用，但在现代城市经济高速发展、交通基建工程不断增多、大运河自身水位持续下降和水利设施建筑老化的背景下，大运河的自然河道环境面临着河道淤塞、不断衰颓的威胁。这就要求各省市在大运河国家文化公园建设初期，对大运河河道水系进行治理管护，对生态环境进行保护修复，同时，要进行整体、系统的规划布局，将孤立静态的点串联成活力动态的线，实现文化遗产保护与沿线生态景观的和谐统一。

（二）发挥不同类型遗产的突出普遍价值

世界文化遗产的荣誉能为城市经济、文化、生活的质量提升带来不可估量的价值，在呈现中国运河故事的同时带来机遇和挑战。大运河沿线各省市都拥有多项世界文化遗产，因此在保护与开发过程中不应该仅盯着具有营利性质的旅游进行开发，相反地，如何更好地发挥不同类型遗产的作用，突出其普遍价值，实现历史文化认同感的提升，促进城市凝聚力的建设，形成大运河遗产文化精神的自信，是值得深刻思考的问题。在发挥世界遗产价值时应鼓励新旧交融，尊重过去的历史，迎接未来的文明，不同类型的世界遗产需要不同的发展定位，以发展其特有的资源优势，最终呈现出大运河世界文化遗产的整体性、联动性、功能性的价值要素。这是对遗产自身突出普遍价值的尊重，也是高效率利用好各项资源、促进大运河国家文化公园发展的表现。

（三）大运河保护法制保障建设任重道远

大运河国家文化公园涉及八个省市，需要各地诸多部门协同共进、攻坚克难，而各省市之间的协调规划和统一治理的机制仍缺乏详细的法规制度和职责规定，并且在省市内复杂的多部门管理过程中，或缺少具有明确权责的跨区域机制或独立机构进行统领与管辖，或缺少明文规定，难以对不同部门在运河遗产保护工作中存在的重叠现象进行处理，条块分割、多头管理导致出现管理空白。因此省市、部门之间的协调机制如何建立，牵头部门确定为谁，如何在各类现实条件下划分权责，直接关系到大运河遗产保护的实际效果，也长远影响着大运河世界文化遗产规划的目标与方向，区域协调和实施体系的建立迫在眉睫。

第三节 大运河国家文化公园的建设现状

一、大运河国家文化公园的建设背景

2014年大运河申遗成功，不仅让大运河遗产及其周边环境得到了有效保护与恢复，更重要的是其规划体系、协调机制和监测体系为后续的可持续发展创建了良好的基础。随着中国特色社会主义进入新时代，大运河被赋予了新的价值和功能，习近平总书记就大运河保护和大运河文化带建设做出了重要指示、批示。2019年以来，大运河文化保护传承利用和国家文化公园建设工作相继展开，为我国遗产保护传承与可持续发展理念深度融合开启了中国特色的实践之路。

秉持着"保护优先、突出保护"的原则，大运河文化保护传承利用和国家文化公园建设将规划范围扩展到了大运河沿线的8个省域范围，从谋求遗产自身的可持续发展扩展到遗产地、遗产区域的可持续发展。就内容和涉及领域而言，将遗产的保护传承与环境可持续性、包容性社会发展和包容性经济发展紧密结合，将遗产保护与带动整体社会发展、提升社会整体利益相结合。就利益相关者而言，国家发展改革委牵头建立了大运河文化保护传承利用工作省部际联席会议制度，包括了国务院17个部门和大运河沿线的8省（市）相关部门，以可持续发展为目标统一不同利益主体的诉求。

二、大运河国家文化公园的建设状况

大运河国家文化公园地跨8个省（市），由于各地发展进程不同，其对大运河的保护开发力度也有先后分别和力度差异。江苏、浙江在对大运河保护修复的基础上，在遗产文化、生态环境、旅游规划等方面开展了综合的、多方位的建设工作。北京紧跟江浙进度，完成河道疏浚、水利修复，然其对于大运河多元开发利用的构想仍在建设实施中。河北、山东、河南、安徽和天津尚处在

开展大运河水质提升、河道疏通恢复、物质遗产保护等方面的基础工作上，在进度上稍显落后。

（一）北京市大运河国家文化公园——整合文旅资源，设计文旅一体化精品服务线路

依据《北京市大运河国家文化公园建设保护规划》，北京市大运河国家文化公园致力于打造新时代文旅融合发展高地和国际交往高地。在做好大运河历史文化遗产挖掘保护和展示工作的基础上，积极创建大运河国家 5A 级旅游景区。在促进大运河沿线数字文旅发展进程的同时，积极整合区域旅游资源，建设大运河沿线文化旅游综合体，通过恢复水系、建成水上巴士，实现大运河与环球主题公园水上连通，推动建成通州古城核心展示园，串联起通州古城等历史文化遗迹，整体打造传承大运河历史文化的特色小镇，形成一条展现璀璨历史文化、承载当代复兴功能的中华民族伟大复兴之河。目前北京设计了运河八大主题游、23 条精品旅游线路，以运河文化为主题，向世界展示一座城市的悠久历史、深厚文化和创新发展。

（二）天津杨柳青大运河国家文化公园——明确的文化功能分区、积极的文化价值实践

杨柳青大运河国家文化公园占地 2800 余亩，公园采用明清古建筑形式，借鉴《清明上河图》的表现手法，着力于漕运文化、年画文化和赶大营文化的文化价值，将无形文化融入有形建筑，建设历史名镇、元宝岛、文化学镇三个板块，打造"三区一环"的功能分区，实现历史场景再现。历史名镇板块采取"再活化"方法，保留现存 800 余所老宅子并对其进行历史人文修复，建设起沉浸式国潮青年小镇。元宝岛板块采取"再组织"方法，作为公园的核心区，集中展示明清天津运河文化盛景，打造全域、全时、全景、全要素的国际文旅目的地。文化学镇采取"再开发"方法，重点发展教育文化产业，对该区域的 800 余个古代墓穴进行考古挖掘。此外，天津市推出了一批大运河题材文艺作品，开发了"运河印象一日游"精品旅游线路，举办了诸多节庆、会展、民俗品牌活动，宣传大运河国家文化公园的建设成就。

（三）河北大运河国家非物质文化遗产公园（沧州段）——工业文明与非遗巧妙融合，司法协作机制予以支持

大运河沿线唯一的国家大运河非物质文化遗产公园坐落在河北沧州，占地3700亩，由园博园、中国大运河非物质文化遗产展示中心、沧州大化工业遗产提升改造区构成，划分为农耕文化、户外非遗、新潮文创、演艺区等多个功能区，全方位展示大运河非物质文化遗产。园区也在运用隋唐风格建筑体现运河古朴大气风貌的基础上，利用原地址上的厂区资源，融合当地特色沧州工业文明，向世界呈现出由农耕文明到工业文明进而迈向生态文明的历史进程。沧州更是以大运河文化带为轴线，推进多个文化名镇建设，凸显运河元素，将大运河文化带延展至产业带和经济带。

值得一提的是，沧州创新性地建立起大运河生态环境的司法协作机制，定期举办大运河（沧州段）生态环境资源司法保护论坛，构建并不断完善大运河（沧州段）环境资源司法信息共享机制，对大运河（沧州段）环境资源案件的权责划分清晰界定，建立环境资源治理专家咨询制度，整合环境资源案件专家库，构建线上线下相结合的联动宣传教育平台，为大运河国家非物质文化遗产公园的生态环境保护提供了强而有力的支持。

（四）山东大运河国家文化公园——提炼六种建设模式，加强数字文旅供给

山东省在国家文化公园建设中，按照"完善机制＋突出重点＋旅游支撑＋科技引领＋绿色发展"的推进路径，重点规划建设核心展示园17处、集中展示带3条、特色展示点98处，致力于打造"鲁风运河"文化旅游目的地品牌。通过提炼山东各地古城、运河枢纽遗址、古镇和历史文化街区现有的协同共生模式、旅游综合体模式、活态博物馆模式、考古遗址公园模式、特色小镇模式、社区参与模式6种文化公园建设模式，高屋建瓴地规划大运河国家文化公园。以"互联网＋"为手段，建设数字云平台和智慧旅游服务平台，实现各渠道信息的互联互通，推广重要主题旅游精品景点线路。

(五)河南大运河国家文化公园——改革创新先行区

河南大运河国家文化公园重点突出"一核"(洛阳)"两轴"(以永济渠、通济渠为主干的两条运河轴线文化带),按照"一带一核四片区"空间总体布局,即布局郑汴洛运河文化旅游融合带、洛阳隋唐大运河文化旅游核心区、通济渠商丘文化旅游区、永济渠滑浚文化旅游区、永济渠焦新文化旅游区、会通河濮阳旅游协作区,围绕"显形、彰文、育产、融景"总体思路,构建"六大体系"——空间展示体系、特色城镇体系、大运河文化艺术传承体系、产品体系、产业体系,高质量建设隋唐大运河文化博物馆,完善大运河文化旅游公共服务体系,打造25个核心展示园、20条集中展示带、150个特色展示点,推动洛河洛阳城区段等旅游通航。

(六)安徽大运河国家文化公园——完成遗产环境保护工作,积极争取中央、社会资金支持

作为以"汴河遗珍·水韵皖北"为引领的文旅品牌,大运河安徽段以隋唐胜迹、运河要冲为主题,打造多种类型的运河文化旅游景点品牌线路,实现在时间和空间维度上的运河文明交流与传承。

现阶段安徽正紧锣密鼓地编制大运河系列规划,修复运河生态6400平方米,及时制止破坏运河遗产的行为,重点推进完成了运河遗址保护工程、病害处理工程、黑臭水体治理清淤工程,启动柳孜运河遗址永久性保护大棚方案编制,景区道路建设,以及配套安防监控系统、标识标牌系统建设等工作。另一方面,大力推进大运河项目前期谋划工作,积极争取中央和社会的资金支持,完善入库项目的文件材料,继续做好标志性项目、重大项目的策划谋划工作,加大对大运河建设的投资力度,积极引导民间资本参与建设。

(七)江苏大运河国家文化公园——打造"江苏样板",理念建设多方位创新

江苏作为率先基本完成大运河国家文化公园建设的省份,致力于打造"江苏样板",江苏段成为全国的示范段。大运河所具有的超大规模的线性文化遗产超越了人工梳理的极限,江苏省创新性地利用大数据采集分类,采取空间赋

值、专家打分法，借助地理信息系统（GIS），绘制出全线和各个市的运河文化资源三维分布图，理清运河文化资源的点、线、面关系，以及各处文化资源的密集度与重要性，深入理解国家文化公园空间布局，以此成功定位中国大运河博物馆。同时创新地提出"游线"概念，以运河主线为轴心，沿途规划24条水上支线和17条陆上支线，梳理出5条精品旅游线路，传播了国家统一的历史，展现了水利方案的智慧，活态的运河文化，现代产业的面貌，红色精神的传承，实现了运河在当代的活化，使历史流动起来，可以被社会公众感知。不仅如此，江苏所提出的四大功能区架构也为全国大运河国家文化公园的建设提供了思路与方法。此外，全国首个省级大运河遗产监测管理平台——江苏省大运河世界文化遗产监测管理平台正式投入试运行，逐步实现全省性大运河遗产保护管理情况数据采集、统计分析及监测预警。

（八）浙江大运河国家文化公园——工业遗存与运河文化交相辉映，专家咨询委员会保驾护航

杭州大运河国家文化公园依托10条骨架河道，形成"山水群落、河岸双带、核心十园、特色百景"的主题空间展示格局，以工业遗存、运河和良渚文化、水上产业、数字经济为主要特色，打造杭钢旧址公园区块、大运河博物院—炼油厂区块、运河湾国际旅游休闲综合体区块和浙江云数据计算中心区块，形成地标性超级线性文化公园。文化公园不仅利用工业遗存建筑塑造文化地标，还规划大型草坪，打造多功能未来文化体育中心。京杭大运河博物院创新性地采用琉璃装饰性立面，将展览空间悬停于距地13.5米的空中，与运河水道交相辉映。同时，加强大运河国家文化公园配套基础设施建设，浙江省内首个双层隧道将实现运河新城与主城区的快捷交通。

在制度方面，杭州将大运河保护传承利用和国家文化公园建设工作纳入市年度综合考评，系列规划和方案已先后编制并实施，出版集丛书、文献、研究报告、通史、词典为一体的《运河全书》60册，创新性地成立了浙江大运河国家文化公园建设专家咨询委员会，围绕如何把大运河浙江段建设成为全国的示范段研究，提供一批有前瞻性、战略性和可操作性的决策咨询建议和智库服务。

第四节 大运河国家文化公园管理体制的探索
——以江苏段为例

一、国家文化公园管理体制改革的基本趋势

十八大以来,国家公园体制改革受到党中央国务院高度关注和重视,十八届三中全会上提出"加快生态文明制度建设""建立国家公园体制"。2015年5月,《建立国家公园体制试点方案》的印发标志着我国国家公园体制改革正式启动。在总结试点经验的基础上,2017年9月,中共中央办公厅、国务院办公厅发布《建立国家公园体制总体方案》,该方案成为国家公园体制改革的引领性文件。从江苏段试点的情况看,国家公园管理体制改革呈现出事权统一、分级协同、社区共管的趋势,从原来的多头管理改由一个部门统一行使管理职责。

二、江苏省大运河国家文化公园管理体制建设的实践探索

为了破除发展瓶颈,缓解深层次矛盾,江苏省在探索国家文化公园体制机制创新时,尝试构建起"中央统筹、省负总责、分级管理、分段负责"的工作格局。根据要求,2023年底大运河国家文化公园应基本完成建设,而这一项目尚没有先例可循。江苏省大运河国家文化公园担负起责任使命"先行探路",打造"江苏样板",于2021年底基本完成建设,形成"可复制推广的成果经验"。

根据我们国家的具体国情,江苏省探索实行国家委托地方管理模式,创新性地形成权责清晰、运营高效、监督规范、良性互动的省域管理体制[①]。

---

① 刘晓峰,邓宇琦,孙静.大运河国家文化公园省域管理体制探略[J].南京艺术学院学报(美术与设计),2021(03):45-49.

（一）完善顶层设计，加强协调融合

从 2018 年起，江苏省颁布《大运河国家文化公园（江苏段）建设规划》，率先开展规划编制工作。2019 年，江苏省"创制性"地方立法，出台我国第一部关于大运河文化带建设的地方法规——《江苏省人民代表大会常务委员会关于促进大运河文化带建设的决定》（以下简称"《决定》"）。到了 2020 年，江苏省加快顶层设计的建设步伐，相继印发《江苏省大运河国家文化公园建设保护实施方案》（以下简称"《实施方案》"）、《2020 年全省大运河文化带和国家文化公园建设工作要点》、《江苏省大运河文化保护传承利用实施规划》，2021 年《江苏省大运河文化旅游融合发展规划》《江苏省大运河国家文化公园建设保护规划》《江苏省大运河文化遗产保护传承规划》《大运河江苏段核心监控区国土空间管控暂行办法》出台，设计出包括保护传承文化遗产、推进文旅融合发展、管护治理河道水系、保护修复生态环境、弘扬阐释文化价值、建设现代航运交通体系 6 个省级专项规划。并且，运河沿线的 11 个设市区持续完善"多规合一"，在实现大运河的文化保护传承利用规划和大运河国家文化公园的建设保护规划两相结合的基础上，出台地方实施规划，形成了"1+1+6+11"的规划体系。

如此一来，在完善管理制度的基础上，达成和地区国土空间总体规划的衔接。管控制度和运行细则的及时出台，能够逐渐明晰政策、制度的模糊点，直面在实际操作过程中的对接、协调问题，实施差别化管理，严格生态保护、文化遗产安全红线管理，对传统建筑、乡村振兴项目、文化展示、文旅线路、文旅设施、绿地建设以及匹配发展定位的公共服务设施和基础设施建设予以鼓励和支持，对不符合环境保护和相关规划要求的已有项目和设施予以全部撤离，在完成本市建设发展的同时也成功打造大运河"江苏样板"，探索出可供全国参考的可持续发展运行机制。

（二）统筹管理机制，明确权责主体

在国家出台文件设计国家文化公园统筹机制后，省级层面上，江苏省成立了大运河文化带建设工作领导小组，统筹江苏段大运河文化带和江苏段大运河国家文化公园的建设工作，相关设区市、县也及时建立相应机构统筹协调区

域之间的大运河国家文化公园建设工作，定期召开协调会议，巩固顶层设计。2019年江苏省为了进一步加强对大运河的生态保护，由8个沿运河市级检察机关成立"大运河保护同盟"，2020年江苏省筑基全省管辖"一盘棋"，省检察院下发《关于推进公益诉讼和行政检察案件办理机制改革的指导意见》，首次规定淮安市检察院对江北段大运河、无锡市检察院对江南段大运河保护公益诉讼拥有机动管辖权，各市政府及当地各部门积极合作形成横向联治"一盘棋"，调动了各沿线城市协同创新、联动发展的积极性。此后江苏省进一步加强跨省检察合作，积极构建运河保护"共同体"，2021年我国最高人民检察院牵头组织签订《大运河沿线八省（直辖市）检察机关行政公益诉讼跨区域管辖协作意见》，为大运河公益保护提供了保障。

（三）成立智库，建立数字化信息管理机制

江苏省依托设有大运河相关研究中心的省社会科学院的学术力量，统筹整合全省大运河文化研究资源和力量，在大运河江苏段沿线城市先后设立7家设区市分院。研究院专家不仅参与了国内首部关于大运河文化带建设的地方性法规《决定》的调研和起草，以及多项省级规划文件的编写，而且向社会群体推出多本大运河人文遗产普及读物、专刊、专报，在多个期刊平台开设运河研究专栏。

根据《决定》《实施方案》，江苏省深入推进大运河国家文化公园数字云平台（以下简称"云平台"）建设，依托GIS、区块链、大数据、虚拟现实、知识图谱、人工智能等现代信息技术，构建集大运河管理监测、文化艺术研究、非遗数字化展示传播、线上研学教育、短视频休闲娱乐、企业数字化赋能、服务标准化管理等多功能的一体化服务平台。通过公开征集合作伙伴及建运方案，邀请具备优秀能力的社会群体积极参与建设，搭建起云平台的10个应用体系。

依托互联网与大数据，江苏省将国内首个大规模排水系统实时纳入公益诉讼信息采集系统，江苏检察机关通过采集多个部门的执法和监督数据，形成公益诉讼线索数据库，据此成功运作的公益诉讼智慧分析系统彻底改变了以往大运河生态治理监护的被动局面，实现对大运河河道的保护与长效治理。

江苏省苏州市积极引入智慧技术创建起的大运河综合大数据平台能够做到

对大运河有关单位、景区、文物等各领域的基础数据进行收集，有效提升管控监测整体水平，其综合信息平台可以使多部门、各层级的交流沟通实现工作留痕，其开通的对外沟通渠道更能使公众参与进来。云平台的逐步建成将使得大运河国家文化公园更具有影响力，使得大运河文化更深入人心。

（四）建立多主体广泛参与的协调机制

《决定》倡导"共建共享"。江苏省积极引导、鼓励社会力量公众通过兴办实体、开展资助项目、提供服务、捐款捐物等方式参与建设。为了进一步加强文物资源系统保护与宣传，江苏省建立起大运河文物保护员制度和大运河文化带建设志愿者工作机制。通过推进农村公共空间、公共设施的管护治理，打造彰显大运河文化内涵的优美村落集群，让大运河文化带建设真正成为富民、育民、民心工程。目前社会力量参与的主体主要为基层地方政府（含街道办事处）和技术专家，以政务会议沟通、技术外包和学术研讨论证的方式参与到大运河国家文化公园的建设当中。

（五）评估跟进：大运河国家文化公园建设"体检评估"常态化

在《决定》的指导下，江苏省建立起全国首个省级大运河世界文化遗产监测预警平台，并且在省级监测管理平台、运河沿线城市检测预警平台的配合下，完成未来对全国各级平台监测数据的互联互通，有效实现对大运河国家文化公园的遗产管理。为将层层责任落到实处，江苏省将大运河文化带建设纳入综合考核评价体系，尤其是与大运河文化相关的自然资源资产和文化遗产分别列为领导干部自然资源资产离任审计和经济责任审计的重要内容，敦促了各级政府及部门高质量完成建设任务。针对社会公众参与可能带来的污染生态自然问题，以及损坏文化遗产等损害社会公共利益的行为，《决定》以明确规定强化保障，将依法对此类行为发起人提起公益诉讼。

同时，江苏省创设性规定项目遗产影响评估制度，实行土地出让或者划拨前工程建设考古前置制度，有效降低有意愿参与大运河国家文化公园项目的建设单位的投资风险，利于缩短建设工期，减少建设成本，从而解决长期以来文物保护与城市建设间的矛盾。

三、江苏试点的财政模式

（一）国家中央财政统筹利用现有资金渠道支持大运河重大任务、重点项目建设

为了尽快推进《建设方案》和《大运河文化保护传承利用规划纲要》的落实，国家发展改革委社会司、文化和旅游部产业司、国家开发银行三者深入对接，共同敦促沿线省（市）梳理大运河重点项目建设清单和社会融资需求，充分发挥政府在项目建设单位和金融机构之间的桥梁纽带作用，增强金融机构的投融资信心，调动建设机构多渠道融资的主动性，加强多方沟通交流，鼓励金融公司、投资企业分享大运河重点项目投融资的经验做法，协调多方，推动以企业债、专项债、PPP等融资方式参与大运河国家文化公园重点项目建设，不断完善大运河国家文化公园多元化投融资机制。

2021年，在财政部、发改委联合下发的关于新增专项债券项目资金需求的文件中，文化旅游首次进入政府专项债券重点投向领域。随后文化和旅游部办公厅发布《关于进一步用好地方政府专项债券推进文化和旅游领域重大项目建设的通知》，专项债券创新投融资模式将推动有潜力的文化和旅游项目入库，有条件的地区可以探索建立文化和旅游项目储备库，更有利于文化和旅游项目专项债的申报获批。通过对债券资金使用进度的过程监控与动态监测，加强对项目的后期管理，确保项目完成质量及资金使用效率，有效控制债务风险外溢。

（二）地方各级财政综合运用相关资金渠道完善支持保障政策

江苏省坚持政府主导、省市联动、市场运作、多元投入，不仅将大运河文化带公共设施建设和公共服务经费纳入本级财政预算，还为大运河国家文化公园（江苏段）建设开辟了新的融资方式和渠道，也为其他省市重要文化和旅游项目的融资方式提供了参考。

1. 大运河文化旅游发展基金

江苏省采取股债联动融资、推进成本降低的策略，设立了全国首批省大运河文化旅游发展基金（8只区域子基金和4只行业子基金），母子基金规模超

130亿元，并赋予江苏省文化投资管理集团大运河文化带建设与文化和旅游融合发展投资职能。如此一来，在合理控制政府债务规模、优化政府债务使用支持结构的前提下，为承建具有一定经济效益又以社会效益为主的重大文化和旅游项目建设提供国企融资、省级政府信用背书，打开社会大额长期低息资本参建模式。

2. 大运河文化带建设地方政府专项债券

江苏省在上海证券交易所采用公开招标方式，发行全国首只大运河文化带建设专项债券，债券获得高倍数超额认购，发行规模为23.34亿元，期限十年，中标利率为2.88%，全部由银行等金融机构认购。专项债具有可做项目本金、撬动能力强、发行期限长、发行利率低等多重优势，有助于推动文化和旅游行业数字化转型，激励项目主体优化治理结构、提升项目运营管理能力。

江苏省推进大运河专项债后，扬州中国大运河博物馆建设成功纳入申报，获得了大运河专项债资金支持，引进了社会资本参建。此外，大运河专项债还服务于常州市安基村美丽乡村项目，助力安基村"城市郊野、运河慢村"的乡村旅游经济打造。

3. 建立省级层面大运河建筑文化遗产保护与利用专项基金

为了解决江苏省大运河国家文化公园的整体建设格局中建筑文化遗产保护不当、传承式微的问题，江苏省建立省级层面大运河建筑文化遗产保护与利用专项基金，以驱动相关科学研究与利用开发。完善文化遗产研究体系建设，以乡镇与街道为基础单位，针对辖区内建筑文化遗产实施定期检测，及时向上反映存在的各类问题并制止破坏文化遗产的行为；鼓励江苏省高等院校、科研院所、开发机构积极参与，针对各类问题提出科学研究或利用开发的申请；依托专业机构专项管理基金，建立评估与监管机制。

第三章 长征国家文化公园

第一节 长征国家文化公园概况

2021年8月,为深入学习贯彻习近平总书记关于国家文化公园建设的重要指示精神,加快推进国家文化公园建设,国家文化公园建设工作领导小组印发《长征国家文化公园建设保护规划》。规划指出,整合长征沿线15个省区市文物和文化资源,根据红军长征历程和行军线路构建总体空间框架,加强管控保护、主题展示、文旅融合、传统利用四类主体功能区建设,实施保护传承、研究发掘、环境配套、文旅融合、数字再现、教育培训工程,推进标志性项目建设,着力将长征国家文化公园建设成为呈现长征文化,弘扬长征精神,赓续红色血脉的精神家园[①]。

长征是中国历史上的伟大篇章,长征精神是中国共产党和中国工农红军智慧与精神的结晶,长征是中国历史不可或缺的一部分,长征这段历史兼具革命性与时代性,每个中国人提到长征以及长征精神,强烈的民族自豪感和使命感就会油然而生,激扬起为祖国富强、为民族复兴而奋斗的强大力量。

根据历史节点以及长征过程,结合纪念红军长征胜利60周年、70周年和80周年大会讲话精神,可将长征精神的内涵大致概括为以下几个方面的内容:(1)把全国人民和中华民族的根本利益看得高于一切,坚定革命的理想和信念,坚信正义事业必然胜利的精神;(2)为了救国救民,不怕任何艰难险阻,不惜付出一切牺牲的精神;(3)坚持独立自主、实事求是,一切从实际出发的精神;(4)顾全大局、严守纪律、紧密团结的精神;(5)紧紧依靠人民群众,同人民群众生死相依、患难与共、艰苦奋斗的精神。这几个内涵在不同历史时期都得到了充分的彰显。

1919年05月—1936年10月:在这一段时期,五四运动中逐渐发展起来的革命主义成为历史洪流,为了反对帝国主义的霸权以及欺凌,国人救国救民的信念逐渐产生,最初表现为"爱国、进步、民主、科学"的"五四精神",

---

① 吴咏玲.长城、大运河、长征国家文化公园建设保护规划出台[N/OL].新华网,2021-08-08[2022-3-2].http://www.xinhuanet.com/politics/2021-08/08/c_1127742416.htm.

其核心主要是爱国主义，民主与科学的萌芽也深深地影响了中国共产党的领导者。

1936年10月—1949年10月：在抗日战争以及解放战争中，由于中国人民和中华民族的利益受到了侵犯，顽强拼搏、视死如归等革命英雄主义精神逐渐得到发展，更多的有志青年将保卫祖国作为自己的历史使命。因此，继承与发扬长征精神成为这个时期的精神宝藏和精神支柱。毛泽东非常重视发挥人的精神的能动作用，"人是要有一点精神的"，他强调能否发扬革命传统，是我国民主革命能否取得胜利的重要因素。而长征精神是我党最具特色的革命传统，长征精神所表现的大无畏革命英雄主义精神是抗日战争、解放战争的革命之精髓。长征国家文化公园的建设让长征精神中的革命英雄主义得到充分的发扬。

1949年10月—1978年12月：在这一时期，团结奋斗共创共建等集体意识大幅提高，人民更加坚信"独立自主、实事求是"的重要性。中国社会主义革命的胜利充分展现了长征精神中集体主义的重要性，在这一时期，以经济建设为中心成为全国人民的目标，党的工作中心也由乡村转移到了城市。长征国家文化公园的建设不仅包含长征时期的历史在建，也包括长征之后中国改革建设的宣扬，长征国家文化公园的建设是对中国革命史与建设史的丰富与发展。

1978年12月—至今：改革开放、社会主义核心价值观、人民幸福感等成为主流[1]，长征精神不断彰显人民的满足感与获得感，人民群众的意识被长征精神所包含。邓小平这样强调道："只要我们大家团结一致，同心同德，解放思想，开动脑筋，学会原来不懂的东西，我们就一定能够加快新长征的步伐。"长征国家文化公园内的基础设施建设以及对于功能分区的建设就是这一点最好的表现，长征精神逐渐地贴近民众。

---

[1] 胡芳.长征精神动态演化历程的特点、反思与展望——纪念长征胜利八十周年[J].井冈山大学学报（社会科学版），2016，37（03）：17-27.

第二节　长征国家文化公园规划

长征国家文化公园是以省为单位，通过整合长征沿线 15 个省区市文物和文化资源，根据红军长征历程和行军线路来构建总体空间框架而建设的，长征国家文化公园将重点建设"管控保护、主题展示、文旅融合、传统利用"4 类主体功能区，系统推进"保护传承、研究发掘、环境配套、文旅融合、数字再现"5 大重点基础工程，生动呈现长征文化的独特创造、价值理念和鲜明特色，进一步彰显革命文化的强大感召力，做大做强中华文化的重要标志。在长征国家文化公园的建设中，贵州段以及江西段目前建设得比较完善。

一、长征国家文化公园贵州段

2019 年 10 月，贵州在充分调研论证的基础上，制订印发《长征国家文化公园贵州重点建设区工作方案》，根据贵州红色文化资源分布情况，突出"生死攸关命运转折之地"的鲜明特色，确立了"一核、一线、两翼、多点"的总体架构（一核：以遵义会议会址及周边文物为核心；一线：以中央红军长征线路为主线；两翼：以红二、红六军团长征遗迹为两翼；多点：其他具有代表性的节点），明确了"以线串点扩面"工作路径[①]。2021 年 5 月 27 日，贵州省第十三届人民代表大会常务委员会第二十六次会议通过了《贵州省长征国家文化公园条例》，从条例可以看到，贵州省十分重视长征国家文化公园的建设，条例中规定了四大功能分区的划分与建设，强调了长征国家文化公园的基础建设内容以及负责的部门人员等，同时明确要求，利用历史资源的同时要尊重历史，不得擅自更改历史等。目前，长征国家文化公园贵州段的建设已经非常完善，基础设施以及旅游项目等资源非常丰富，其中不乏一些具有代表性、示范性的重点工程。其中，按照"轻资产、重内容、新方式"的建设思路，贵州段

---

① 李坤.贵州：长征国家文化公园建设按下"快进键"[J].当代贵州，2021（01）：30-31.

8个标志性项目为：长征数字科技艺术馆，中国工农红军长征纪念馆，红二、红六军团长征贵州纪念馆，四渡赤水集中展示带建设项目，遵义会议核心展示园一期——遵义战役纪念园，贵州长征文物集中连片保护修缮工程，《伟大转折》演艺综合体项目，"重走长征路"研培体验工程。这些项目各有特点，如长征数字科技艺术馆以全域沉浸式的体验将长征精神铭刻在人们心中，具有很强的教育意义；中国工农红军长征纪念馆主打各类纪念设施群，通过整合各类陈列馆、诗词馆等，打造具有个性的红色旅游纪念馆。

二、长征国家文化公园江西段

建设长征国家文化公园，是推进红色基因传承的重要举措，也是推动江西革命老区高质量发展的重大机遇。长征国家文化公园江西段的建设以中央红军长征路线决策与前期准备及其他与长征紧密相关的重要事件发生区域为重点建设区，主要涉及赣州、吉安、抚州3个地级市，包括瑞金、于都、兴国等19个县（市、区）。长征国家文化公园江西段通过整合全省长征文化历史资源和人才资源，进行系统研究，重点深化江西长征出发地文化研究阐释；设立长征文化高峰论坛和理论学术研究会，把长征文化研究列入省社科规划重点课题。同时，江西省将长征文化融入现代公共文化服务体系建设，推进"互联网+红色文化"建设，建设"中央红军长征出发地"数字展馆；支持长征源合唱团在全国开展《长征组歌》巡演；举办以长征文化为主题的全国歌咏大赛和摄影、书画、艺术品征集以及全国巡展活动。当然，江西省也在多领域推进江西长征出发地红色旅游，举全省之力打造长征文化线路红色旅游品牌，重点打造于都"长征集结出发地"、瑞金"红军北上抗日先遣队出发地"、遂川"红六军团西征出发"品牌；深化与长征沿线各省红色旅游目的地的合作，丰富旅游内容和产品，补齐长征文化旅游产业链，打造江西革命老区高质量发展的新增长点。

《人民日报》曾这样描述长征国家文化公园江西段部分地点的建设进展情况：江西省赣州段是不容小觑的分段，赣州段充分展现了红色旅游与乡村旅游结合的面貌。江西省赣州市兴国县官田村坐落在群山环抱的盆地中央，这里的官田兵器博物馆正在施工建设。这是兴国中央红军长征出发准备重点展示园建设项目的子项目，也是长征国家文化公园江西段项目新建的博物馆之一。赣州市于都县祁禄山镇，有一条保存完好的长征步道，小道蜿蜒曲折，依山而行，主体长度约 5 公里。在小道起点处，精致美观的游客中心"登贤阁"拔地而起，统一设计制作的木质标识牌挂在小道一侧，沿途 70 多个音箱播放着红色歌曲。虽然尚未建设完成，已有很多游客慕名而来。作为中央红军长征出发历史步道中的一段，祁禄山示范段建设进展顺利，游客中心、路段文化氛围提升施工正在推进。

第三节　建设现状

一、长征历史资源优势显著

长征国家文化公园各段的建设十分突出对于长征历史的尊重，在尊重历史的基础上，围绕长征足迹进行建设，各省充分运用历史资源，以长征为依托，通过科技创新、场景再现、陈列摆放、文化引导、设施重建等多种途径，充分彰显长征的伟大，弘扬了长征精神。如四川段，四川红军长征文物主要沿红军长征线路呈带状分布，其中泸州市古蔺、叙永，凉山彝族自治州冕宁、会理，雅安市宝兴、天全、芦山，以及阿坝州小金、马尔康、若尔盖等，文物保存数量较多，长征文物点密集。目前四川核定登记的不可移动长征文物有 442 处，存有古蔺县红军四渡赤水战役遗址、泸定桥、波日桥、卓克基土司官寨、阿坝红军长征遗迹等全国重点文物保护单位 10 处，会理会议纪念地、三关桥、陈云长征旧居等四川省文物保护单位 47 处，文物类型包括伟人旧居、部队驻地旧址、会议会址、战场遗址、渡口遗址、红军标语、桥梁道路、红军树、红军井等，遗址遗迹特色鲜明，有可移动文物 2788 件/套，其中珍贵文物 112 件/套，包括货币、文稿、武器、生活用品等，珍藏于沿线区域内的博物馆、纪念馆（陈列馆）和文物管理机构内[①]。

[①] 刘禄山，王强.关于长征国家文化公园建设路径的思考——以长征国家文化公园四川段建设为例［J］.毛泽东思想研究，2021，38（01）：108-113.

二、文旅融合，品牌突出

各省的建设不单单是把历史展现出来，更多的是和当地的文化、艺术、历史等结合，打造当地独有的文化品牌，通过展现长征故事，宣扬长征精神，同时也宣传与长征有关的文化产业等。如在重庆段，明确以中央红军长征线路为主，兼顾红二、红四方面军长征线路，着力打造綦江、酉阳、城口3个主体建设区（其中，城口作为红四方面军市级重点拓展区），以及黔江、石柱、秀山、彭水4个拓展区的"3+4"公园体系。对于拓展区的建设，可以看到很多丰富的文旅产品，如石柱红三军纪念地文化旅游复合廊道、秀山川河盖红色战斗文化旅游复合廊道等①。

三、建设具有自身特色的爱国主义教育基地

长征国家文化公园的建设不单单是为了弘扬长征故事，也兼具爱国主义教育意义，通过建立特定的陈列馆、综合博物馆、纪念园、纪念馆，系统全面地展示红军长征历史，在保护伟人旧居、驻地旧址的基础上有序对外开放，让学生走近红军，激发学生的爱国情怀。如已在四川省建立了近40处红军长征纪念馆或纪念园，以反映四渡赤水、彝海结盟、强渡大渡河、飞夺泸定桥、翻越夹金山、强渡嘉陵江、血战剑门关等重大历史事件的专题博物馆、纪念馆为支撑，以反映红军长征途经各地历史的陈列馆、展示馆为补充，展览面积达到20 000多平方米，为系统全面展示红军长征贵州段的光辉历史奠定了坚实的基础。可见四川省十分重视对于学生的爱国主义教育。

四、数字化建设成效显著

随着时代与历史的改变，普通的纪念馆、博物馆等已经无法吸引大众，很多展示馆为了提高吸引力，采用数字化的形式来呈现展品。不仅是陈列馆、博物馆等，一些廊道、休闲度假类的场所也在进行改造。在长征国家文化公园的

---

① 李海岚.长征国家文化公园（重庆段）43个项目进展顺利［EB/OL］.（2021-07-27）［2022-3-1］. https://k.sina.com.cn/article_2810373291_a782e4ab020024lje.html.

建设历程中，我们可以看到现代科技让长征故事"活"了起来，这也符合全域旅游的潮流，通过沉浸式体验让参观者深刻感受长征的艰难，通过虚拟现实技术让青年与当时参加长征的士兵隔空对话，通过数字化技术来表达长征精神，长征国家文化公园也通过智能数据库保存珍贵的历史数据。

五、响应时代要求，丰富人才队伍

长征国家文化公园的建设不断与时俱进，而这也正是长征精神中时代性的表现。长征国家文化公园不断融入新内容，不断地与现代相结合，在科技运用、基础设施建设、文化宣传、文物保护、经营方式等多个方面都有表现，长征国家文化公园的建设表现出长征精神的与时俱进，表现出中国的与时俱进。各省各段在建设长征国家文化公园时也十分注重对人才的培养，部分省市通过人才引进政策，号召青年投入红色文化建设当中，部分高校还通过选拔党史相关专业的人才，让教师带领学生前往部分长征国家文化公园建设地进行考察交流，推动长征国家文化公园的建设。但是由于目前部分省市长征国家文化公园建设刚刚起步，很多省市都是设立规划部门，由规划部门来挖掘并培养人才。人才的挖掘是时代的要求，各省市在建设长征国家文化公园的路途中，将人才培养与时代要求结合起来，不仅考察人才队伍对于长征历史、长征精神的了解，还注重考察人才队伍对于现代建设、科技的掌握。

六、地区联动，由点连线

各省在建设的途中发现部分基础设施建设或者部分旅游资源存在雷同的现象，为了避免建设内容同质化，各省各地区在建设途中频繁联系，互相了解，在注重自身建设、挖掘自身资源的同时，也关心其他省市的建设，部分省市人民群众积极建言献策，为长征国家文化公园的建设贡献了自己的力量。地区之间的联动为长征国家文化公园的建设减少了很多的阻力，这也推动了很多省市联合共建长征国家文化公园。

七、保护优先，尊重为本，利用为辅

伴随着长征国家文化公园总体规划的颁布，各省市纷纷响应号召，制订了自身的一些规划，从总体上看，大多数省市都要求按照指定功能区进行划分，有自身的特色。很多省市都强调保护优先，优先保护长征红色资源，不可乱用擅用，很多省市对于长征资源进行了明确的规划，规定了哪些资源可以进行利用，哪些暂不对外开放等。对于英雄烈士，各省市规划要求，不可私自篡改英雄事迹，也不可私自使用，使用要进行统一规划等。对于需要使用、利用长征资源的，要进行登记、管理、报备等。这一系列的规定，使得长征国家文化资源的开发能够有序进行，这也在很大限度上防止了历史资源被乱用。

第四节　建设问题

一、管理保护不到位

各省市在管理工作中，由于权属问题、多部门联动、责任没有具体到人等原因，部分省市管理保护不是很到位，很多管理组织与下属部门没有进行充分沟通，使得长征国家文化公园的建设进展缓慢。地理位置偏僻、基础设施建设落后、交通不便等原因也会导致管理工作不到位。这一问题部分省市也进行了及时的整改，他们通过划分指定区域、添加责任人、完善基础设施等多种路径来缓解这个问题，很多地区伴随着整改工作的完成，管理工作成效也有所提升。

当然，很多省市的历史资源没有得到很好的保护，造成这一问题出现的原因是多方面的，如人为破坏、自然灾害、开发整改等，这些原因都有可能导致长征历史被破坏。目前伴随着长征国家文化公园建设的进行，很多历史资源被挖掘出来，较多的无名英雄、无名旧居等被发现，也得到了上级的重视，目前很多旧居已经受到保护并得以修缮。

二、开发进展缓慢

目前很多省市的文化公园建设都处于一个瓶颈期阶段,长征国家文化公园的建设目前仍未打开一定的局面,如何突破瓶颈成为关键所在,导致这一现象的原因是多样化的,如重视程度不够、前期开发决策存在问题、前期宣传不到位等。从全国范围来看,红色旅游资源的开发本身就存在一定的问题,同质化现象又时常发生,很多地方由于资源冗杂、交通不便等原因,开发进展缓慢。

三、专业性人才较少,培养机制与市场不匹配

很多地方虽然有良好的人才引进政策,但是政策缺乏创新,无法满足当今建设的需要;目前的培养体系中,党史类专业属于冷门,专业人才大量缺乏。传统的培养机制需要及时调整,以适应变化的市场需求,人才的培养需要与时代相契合,专业性人才的培养需要与长征国家文化公园的建设相互联系,这样才能真正培养出合适的人才。

第五节 高质量发展铸就未来

一、要始终把握红色教育属性

思想政治教育功能是长征国家文化公园的核心属性。在新时代,面对中华民族伟大复兴的新征程,传承发扬伟大长征精神是时代赋予我们的责任,更是社会发展的需求。我们要牢牢把握长征国家文化公园传承发扬伟大长征精神这一核心功能属性,充分挖掘长征文化资源,讲好长征革命故事,不断优化教育形式,使长征国家文化公园真正成为弘扬长征文化、传播社会主义核心价值观的重要渠道和载体①。长征精神是长征国家文化公园的精神核心,建设长征国

---

① 后娇娇.引绿色经济之水,行红色教育之舟——长征国家文化公园建设需注重其教育属性与经济属性[J].创造,2021,29(01):48-51.

家文化公园可以将长征精神融入其中,将精神、经济、教育三项合一,共同融入长征国家文化公园的建设之中,这也需要地区的配合以及人才的合理搭配,在长征国家文化公园的建设中,通过视频、音乐等,让长征精神通过声音的方式传播出来,让人们真真切切地感受到长征精神的魅力所在。

二、要努力做好规划内容

各省市在进行长征国家文化公园的建设途中,都积极调整建设方针并创新管理模式,来建设符合地区特征的长征国家文化公园。通过相互监督,保证长征国家文化公园的建设稳步进行。2020年10月10日至15日,全国政协"推进长征国家文化公园建设和革命文物保护"党外委员专题视察团,赴甘肃宕昌哈达铺红军长征纪念馆、八路军兰州办事处、会宁红军会师旧址、华池南梁革命纪念馆等革命遗址开展视察工作,深入了解甘肃长征国家文化公园建设和革命文物保护利用情况[①]。通过了解,甘肃省及时看到了问题所在与自己的不足之处,进行了充分的调整。

三、以历史为师,以现在为友

长征国家文化公园的建设需要在充分尊重历史的基础上进行,建设长征国家文化公园,是重新走一次两万五千里长征的故事,我们需要充分了解这段历史中的每一个环节。长征国家文化公园的建设还需要与当今的时代相结合,通过长征国家文化公园来反映古今,一方面表现长征之路的艰难,宣扬长征精神,另一方面激励现代人不忘历史,牢记使命,为社会主义现代化建设做出自己的贡献。长征国家文化公园的建设可以激发青年人的斗志,同时使他们珍惜来之不易的幸福生活。

---

① 李梁.弘扬伟大长征精神 走好新时代长征路——全国政协"推进长征国家文化公园建设和革命文物保护"专题视察侧记[J].甘肃政协,2020(03):61-62.

四、数字引领时代,用科技重现历史

大数据技术广泛运用于长征国家文化公园建设,将进一步开发、整合和利用省内外相关资源项目、平台载体、规划理念等分析对接和智慧协同,打造"数据+长征+相关业态",为全省经济社会发展赋予新的驱动力和高质的引擎张力[①]。数字化的运用让我们深刻感受到了长征国家文化公园建设的成功之处,现在的时代是科技的时代,很多数字化的休闲场所都备受人们喜欢,一些基础设施建设也在运用智能化的科技产品,在长征国家文化公园的建设中可以看到很多现代科技的使用,如数字艺术馆等。其他类型的国家公园也在采取此类措施。这说明科技已经成为影响潮流的关键,长征国家文化公园的建设表明现在的旅游市场应该注重科技产品的创新以及对科技人才的引进。对于红色旅游产品,可以采用数字成像、虚拟现实、射影灯光等技术,让红色旅游产品更具生动性,更吸引人们的关注。

五、文化融合,突出自身特色

长征国家文化公园的建设突出了地方文化与红色文化的结合,同时也关注将核心精神融入自然景观当中。文化如果脱离市场、脱离环境,那它将是空洞的、没有灵魂的,只有文化与现实相结合才能发挥它的真正作用。一些偏远山区的地方文化与红色精神交织在一起,如果强行将其中的红色精神剥离出来,那它本身就不再具有独特之处,只有接受文化融合,才能让文化走得更远。长征国家文化公园建设途中,很多地方都将当地文化、风俗与长征精神相结合,不管是美食、民俗还是日常生活,每个方面都留下了红军的足迹,这说明长征精神已经深入人心。

六、以强带弱,共同发展

一些革命老区存在经济收益低、生产能力低下、环境恶劣等问题,长征国

---

① 彭东琳.长征国家文化公园数字化建设的实践思考[N].贵州日报,2021-09-15(009).

家文化公园的建设就是一个机遇,让革命老区有了发展机会。让目前发展较好的地区来带动一些发展较为落后的地区,实现以强带弱,共同发展。2021年6月五省六市州政协汇聚赣州市开展会议,在长征沿线、革命老区市州政协"助推长征国家文化公园建设、助力革命老区振兴发展"协商联席会议第一次会议中,共同谋划发出促进长征沿线、革命老区市州红色旅游深度合作倡议书、成立"红土地电商联盟",积极为乡村振兴、红色文化交流、红色旅游发展等多层次、多领域合作牵线搭桥,将共同推动革命老区联动高质量发展[①]。

---

① 李秋林,王磊.助推长征国家文化公园建设　助力革命老区振兴发展[N].江西政报,2021-06-11(003).

第四章 黄河国家文化公园

第一节　黄河国家文化公园守护着中华民族的根和魂

黄河自青藏高原而出，流经四川、青海、甘肃、宁夏、内蒙古、山东等九个省区，整体呈"几"字形。黄河流域横跨我国版图的东中西部，是我国人口活动和经济发展的密集区域，更是生态安全的保护屏障。黄河是中华民族的母亲河，其流域是中华文明的主要发祥地，是饱含着中华文化的重要基因库。它是中国人的精神图腾和文化象征，是全世界中国人的精心追求和文化认同①。

2020年10月29日，中国共产党第十九届中央委员会第五次全体会议通过《中共中央关于制定国民经济和社会发展第十四个五年规划和二〇三五年远景目标的建议》，首次提出将黄河列入国家文化公园建设名录。黄河国家文化公园，作为第四个国家文化公园，其良好的发展建设，不仅是进一步增强文化自信、推动中华传统文化建设的重要标志，更能充分发挥出中国优秀传统文化的影响力，推动与中国特色社会主义先进文化的融合发展，因此其建设具有重要的国家战略意义。

黄河国家文化公园的流域自然资源丰富。三江源地区位于黄河流域上游，被誉为"中国水塔"。在黄河流域中游，小浪底工程为黄河小浪底生态园的建设打下基础，山水成林，湿地草色，充分体现了小浪底生态园的自然生态价值，单单大坝湿地公园就有30%以上的水域占比，内有上千种草木生长，170余种水鸟栖息。而在黄河流域下游，则有被誉为"鸟的乐园"的黄河口生态旅游区，有1500余种野生动物在该区域被发现，其中在黄河口罕见的大片柽柳林和万亩刺槐林中还栖息着360余种鸟类。无论是进行生物学和生态学的科研工作，还是作为人们度假、生态爱好者观鸟的理想场所，黄河口都以其特有的魅力吸引着全国各地的人们。推动黄河国家文化公园的建设，发挥黄河国家文化公园的示范作用，带动流域周边自然资源的生态文明建设，使绿色发展理念

---

① 张凌云.黄河国家文化公园创建的几点思考［N/OL］.中国文化报，2021-07-20［2022-2-21］.http://www.ce.cn/culture/gd/202107/20/t20210720_36732232.shtml.

深入人心，以期达到生态教育的良好效果①。

国家发展改革委推动建设黄河国家文化公园有四大目标：一是构建黄河文化价值体系，争创中华优秀传统文化创造性转化、创新性发展先行区和示范区。二是构建黄河文化地标体系，要以沿黄古都文化、黄河山水文化和黄河治理文化为主轴，以弘扬和践行社会主义核心价值观为主线。三是挖掘黄河治理文化，要着力讲好中国共产党治黄故事，弘扬焦裕禄精神。四是保护传承黄河非物质文化遗产，建设好文化遗产项目库和抢救性调查及保护项目②。黄河是中华文化的重要标志，建设黄河国家文化公园是传承黄河文化的重要措施和手段。要推进黄河文化遗产的系统保护，保护祖先留给我们的宝贵遗产，深入挖掘黄河文化蕴含的时代价值，增强文化自信，为实现中华民族伟大复兴的中国梦凝聚精神力量。

第二节　沿黄各省建设现状

一、黄河国家文化公园建设进展

黄河国家文化公园建设进展情况如表 4-1 所示。

表 4-1　黄河国家文化公园建设进展一览表

时间	建设进展
2020-10-29	中国共产党第十九届中央委员会第五次全体会议通过《中共中央关于制定国民经济和社会发展第十四个五年规划和二〇三五年远景目标的建议》，首次提出将黄河列入国家文化公园建设名录
2020-12-08	山东省印发《山东省国家文化公园建设实施方案》，编制完成《山东省"黄河入海"文化旅游目的地品牌建设总体规划》
2020-12-30	中华人民共和国国家发展和改革委员会社会司组织召开了黄河国家文化公园建设启动暨大运河、长城、长征国家文化公园建设推进视频会

---

① 张野，余静静.发挥黄河国家文化公园的教育功能［N/OL］.中国旅游报，2022-01-14［2022-2-21］. http://www.ctnews.com.cn/gdsy/content/2022-01/14/content_117843.html.
② 中华人民共和国国家发展和改革委员会.国家发展改革委组织召开黄河国家文化公园建设系列交流研讨视频会议第三次会议［EB/OL］.（2021-02-04）［2022-02-21］. https://www.ndrc.gov.cn/fzggw/jgsj/shs/sjdt/202102/t20210204_1266869_ext.html.

续表

时间	建设进展
2021-01-15	中华人民共和国国家发展和改革委员会社会司组织召开黄河国家文化公园建设系列交流研讨视频会议第一次会议
2021-01-22	中华人民共和国国家发展和改革委员会社会司组织召开黄河国家文化公园建设系列交流研讨视频会议第二次会议
2021-01-29	中华人民共和国国家发展和改革委员会社会司联合中华人民共和国文化和旅游部政法司、资源司,组织召开了黄河国家文化公园建设系列交流研讨视频会议第三次会议
2021-02-05	河南省文化和旅游厅与河南大学共建黄河国家文化公园研究院
2021-03-19	中华人民共和国国家发展和改革委员会社会司组织召开黄河国家文化公园建设保护规划编制启动会
2021-06-28	黄河国家文化公园甘肃建设保护规划专家论证会在兰州召开
2021-07-12	由甘肃省委宣传部与兰州大学共建的黄河国家文化公园研究院正式揭牌成立
2021-10-08	《黄河流域生态保护和高质量发展规划纲要》发布

注:根据官方公布的通知整理而成。

二、河南省、甘肃省、陕西省及山东省建设进展

黄河国家文化公园的主体建设涉及青海、四川、宁夏、甘肃、内蒙古、山西、陕西、河南和山东九省区,其中河南省、甘肃省、陕西省、山东省现阶段取得了一定相关建设成果,这些省份的建设经验及方案对推动黄河国家文化公园的建设具有重要意义。

(一)河南省

拥有建设黄河、长城、大运河和长征四个国家文化公园等关键任务的河南省,任务艰巨,责任重大。作为黄河国家文化公园主体项目的重点建设省份,河南省将以黄河国家文化公园为建设核心及龙头,同步以大运河国家文化公园的建设为依托,兼顾带动长城和长征国家文化公园的发展。在河南省内,以三门峡、洛阳、郑州、开封和安阳等重点建设城市为线,编织起省内大范围、全流域的黄河国家文化公园建设蓝图。

黄河国家文化公园河南段将形成"一核四极,一廊四带,多点"的空间布

局。《黄河国家文化公园（河南段）建设保护规划》目前已经通过评审，该规划以文明的冲积扇为核心理念，整体布局科学合理，主体功能区清晰明确，五大重点工程全面系统，对于河南省建设黄河国家文化公园具有较强的指导意义。"一核四极，一廊四带，多点"的空间结构中，"一核"指郑汴洛大河文明传承核；"一廊"是黄河干流文化展示廊；"四带"包括伊洛河谷文化集中展示带、卫河与古黄河文化集中展示带、贾鲁河与古鸿沟文化集中展示带、汴河与黄河故道文化集中展示带；"四极"包括安阳豫晋冀文化辐射发展极、三门峡豫陕晋金三角文化辐射发展极、商丘豫皖鲁苏文化辐射发展极、周口豫皖文化辐射发展极。黄河国家文化公园河南段将重点规划10条集中展示带、50个核心展示园和130个特色展示点，重点打造具体、感性、重体验的优质黄河文化旅游产品[①]。

同时，建设沿黄河生态文旅廊道，弘扬焦裕禄精神。为串联起大运河、南水北调工程和黄河沿线的峡谷、大坝、悬河及多个黄河湿地公园等资源，河南从三门峡灵宝市至濮阳市台前县黄河沿线修建了一条集防洪绿化、文化弘扬、旅游观光、休闲健身等功能于一体的黄河生态文化旅游廊道，居民可以沿着这条廊道深度体验黄河文化[②]。为了弘扬焦裕禄精神，河南省多部门牵头制作了《焦裕禄》电视动画片，作为河南省黄河国家文化公园建设的重点项目，该动画作品亦被纳入庆祝建党100周年的重点剧目中。作品生动展示了焦裕禄同志在兰考县的生动事迹与光辉形象，生动表现了焦裕禄同志领导兰考县人民同"三害"做斗争的艰苦历程，为焦裕禄精神的继承和发扬起到了推动作用[③]。

（二）甘肃省

黄河国家文化公园甘肃段将以临夏黄河国家文化公园为重点建设项目。该地的黄河国家文化公园具有浓厚的地方特色，公园建设依照城市原有道路规划

---

① 张崇曜.总投资近500亿！河南将打造黄河国家文化公园重点建设区［EB/OL］.（2021-12-24）［2022-02-21］.https://baijiahao.baidu.com/s?id=1720009863500984868&wfr=spider&for=pc.
② 唐金培.黄河国家文化公园初现多条文化"长廊"［N/OL］.人民日报，2021-10-26［2022-2-21］.http://ent.cnr.cn/tj/20210923/t20210923_525610449.shtml.
③ 河南省人民政府.黄河国家文化公园建设重点项目——动画片《焦裕禄》1月4日起在央视综合频道黄金时段播出［EB/OL］.（2022-01-04）［2022-02-21］.http://www.henan.gov.cn/2022/01-10/2380226.html.

分为东区和西区，且以黄河文化、史前文化、当地牡丹文化和大禹文化作为建设的主要元素，在配套设施方面设计打造了12个景观节点和2座综合服务楼，总投资1.5亿元，建设工程还包括公园的景观构建、配套设施建设和城市各水系连接。通过精心打造的"花街、花道、花海、口袋公园"，使临夏的城市品质实现新的跨越提升，让临夏市更加宜居宜业宜商宜游。在其黄河国家文化公园项目建成后，将进一步促进牡丹文化与黄河文化二者之间的发展融合，并为广大市民和游客打造文化内容丰富、风景优美的观光环境，增强公众对临夏市城市文化的认同感，进一步提升城市的生态文化形象和生态建设品位①。

（三）陕西省

陕西省地处黄河中游，位于黄河"几"字弯内部，且与甘肃、四川、内蒙古、宁夏、山西、河南等六个黄河流经省区接壤，综合区位优势明显，黄河国家文化公园陕西段规划建设范围包括西安市、咸阳市、宝鸡市等82个县市，项目建设覆盖土地面积约14.3万平方公里。陕西省根据黄河流域文物文化资源的分布、山形和水势，充分考虑黄河国家文化公园建设特点以及各地情况，提出了"一廊两地四带多园"的国家公园建设空间布局。"一廊"是指保护、展示和传承黄河文化的廊道；"两地"即关中文化高地、红色文化高地；"四带"即各具特色的渭河文化带、红色文化带、边塞文化带以及秦岭生态文化带；"多园"即黄帝陵人文初祖展示园、西安都城遗址展示园、宝鸡周秦文化展示园等园区。

黄河国家文化公园陕西段规划建设四大功能分区：管控保护区、主题展示区、文旅融合区、传统利用区。五大重点工程建设包括：传承保护、研究发掘、文旅融合、环境配套与数字再现。保护传承：为了更系统全面地保护黄河文物文化资源，实施一系列保护工程。研究发掘：深入挖掘黄河精神，实施黄河文化考古工程，加强黄河文化专题文艺创作。文旅融合：工程建设涉及产品体系、品牌体系、创新发展、宣传推广等方面。环境配套：完善公共文化服务设施，推动区域旅游廊道建设。数字再现：搭建"智游黄河"旅游体系，提升了数字化保护展示水平，对黄河的展示及保护具有重要意义。

---

① 临夏市人民政府.临夏市黄河国家文化公园——河州牡丹文化公园项目持续推进［EB/OL］.（2021-10-13）［2022-02-21］. http://www.lxs.gov.cn/Article/Content?ItemID=939495f5-6789-48c6-87fe-d7b5ec36362d.

（四）山东省

山东省组织开展了全省黄河流域非遗寻访调研和非遗传承人群研修活动，通过抓重点项目建设推动黄河国家文化公园的建设。活动先后深入沿线9个市27个县（市、区），行程4000多公里，实地探访39个村庄或社区，到访78项非遗项目，与115名传承人尽心探讨交流，全面了解掌握非遗保护及非遗传承人群现状[1]。山东省将黄河、大运河、齐国长城等重点工程作为特级项目进行推广，努力推动包括泰山古建筑群、曲阜"三孔"以及名阜城等一批山东省重大文物项目的创新发展、传承保护和资源活化。此外，对于省域内黄河流域沿线的重点文旅项目，包括泉城的中华美食城、齐河地区的博物馆群、章丘地区的明水古城等，进行重点快速建设。同时，着力推进黄河河口生态旅游区等一批流域内5A级景区的发展，逐渐编织起山东省的黄河文化旅游带。2020年，省内针对重点项目共下放补助2962万元，主要用于黄河流域内15个文化旅游项目的建设发展，总投资近110亿元[2]。

第三节 建设意义：坚定文化自信，打造中华文化重要标志

黄河国家文化公园的整体建设，有利于增强民族文化自信，为实现中华民族伟大复兴提供助力。黄河作为母亲河，蕴含着中华民族源远流长的文化传承和哲学思想。它是增强民族认同、维护民族团结的精神支柱。黄河国家文化公园是国家推动实施的重大文化工程，我们要深刻挖掘黄河文化蕴含的时代价值，通过这种传承的时代价值讲好"黄河故事"，从而延续历史文脉，增强文化自信，助力实现中华民族伟大复兴的中国梦。

---

[1] 中华人民共和国国家发展和改革委员会社会司.山东举办大运河、黄河非遗寻访调研和非遗传承人群等活动[EB/OL].（2021-12-31）[2022-02-21]. https://www.ndrc.gov.cn/xwdt/ztzl/dyhgjwhgy/202112/t20211231_1311114_ext.html.

[2] 中华人民共和国国家发展和改革委员会社会司.黄河、大运河、齐长城，国家文化公园山东这样建[EB/OL].（2020-12-21）[2022-02-21]. https://www.ndrc.gov.cn/xwdt/ztzl/dyhgjwhgy/202012/t20201221_1301786.html?code=&state=123.

黄河国家文化公园的建设有利于促进黄河流域的社会经济发展，有利于加强黄河流域文化保护和建设，促进地区生态保护、乡村振兴和文化旅游融合发展，推动城乡统筹发展和区域经济转型，是一项重大战略部署。

黄河国家文化公园的建设有利于黄河流域地区特色文化遗产的保护和传承，全面促进黄河流域地区文化旅游的综合发展。通过对黄河流域意义重大、影响重大、主题重大的文物文化资源的整合，实施分类保护管理，搭建起具有独特民族和地域特色的公共文化载体，通过文化和旅游融合发展，集中建设一批代表中华文化的重要标志，增强文化自信和传承，并以此探索新时代文化与旅游融合以及资源传承保护利用的新思路。

黄河国家文化公园的建设有利于推进黄河流域生态环境的保护、发展，提高人们的生态保护意识，并推动流域相关地区生态文明建设高质量发展。通过协调黄河水沙关系，缓解水资源供需矛盾，确保黄河安宁，贯彻推动"绿水青山就是金山银山"的生态文明发展理念，预防和化解生态安全风险，加强流域协作，促进人民生活改善，保护、传承和弘扬黄河文化，彰显中华文明，增强民族团结，增强时代文化自信。

第四节　黄河国家文化公园发展方向

一、构建黄河国家文化公园系统

黄河国家文化公园并不是主要依靠自然资源建设发展的国家公园，而应作为一个开放的系统来管理。二者的主要区别包括：在国家公园的空间布局方面，自然资源型的国家公园是一个相对集中且较为封闭的自然区域，而非自然资源型的黄河国家文化公园的空间分布则具有一定的分散性和开放性，并在其流域呈现为不同的带状发展区域。而在国家公园的空间结构方面，自然资源型国家公园由于其特点，往往位于人烟稀少、远离都市的偏僻所在；而非自然资源型的黄河国家文化公园则往往覆盖其流域各地的人口密集区域，商业区与居民区重重叠叠，难以识别，区域不连续。由于黄河国家文化公园流域具有覆盖面大、跨越省市众多的特点，跨省市的、多层次的行政主体难以在管理和标准方面达成统一，且各省市的实际状况千差万别，因而实现发展的整体协调很困难。因此，应针对黄河国家文化公园的特点在各流域建立统一开放的管理体制，通过新的管理手段和方法以实现各地的统筹协调，而不是放任建设带之间各自发展互不影响，故不能把该项目作为一个较为封闭单一的自然资源型国家公园区域进行管理，而应建设一个开放协调的管理系统——黄河国家文化公园系统（Yellow River National Cultural Park System，YRNCPS），以此来指导建设。

应利用现代信息技术构建黄河国家文化公园。通过广泛应用现代信息技术，搭建起以智能旅游系统、现代标识系统、线上博物馆系统、智能解说系统、数据管理服务系统等子系统为主体的，有足够场景覆盖力的信息服务与智慧旅游综合数据平台。在综合数据平台的基础上，继续深入建设：在黄河国家公园的建设过程中，可统一收集黄河流域各地的特色自然与文化数据，并上传至综合数据平台，以实现流域各建设带信息共享；深度整合各种业务需求，通过SaaS（Software as a Service）云服务模式为流域各地提供公园运营管理、景区范例参考、特色产品营销等服务，通过云综合平台来建设统一的数据中心，从而减少各地的公园数据平台建设成本；通过统一的软硬件接口，对平台生成的交易、评论等数据进行实时挖掘和综合分析，实现对业务的全面洞察；基于区块链技术实现交易数据的一致存储，使各省、自治区、直辖市能够平等共享和维护数据。充分利用黄河国家文化公园系统"互联网+"的服务和管理，实现线上线下（O2O）、云平台与端口的无缝连接①。

二、健全黄河国家文化公园体系

各地区要推动健全黄河流域文化记忆保护体系。对黄河流域文化记忆内涵进行挖掘，结合地区发展实际情况，实事求是地细化建设任务并落实，推动黄河流域文化记忆的传承和保护，推动对应特色文化旅游一体化发展、生态文明建设等项目开展。着力推动黄河流域的文化记忆社区建设，推动黄河流域特色红色文化发展与文化故事推广，要充分发挥创造性，采取多种形式来实现对黄

---

① 张凌云.黄河国家文化公园创建的几点思考［N/OL］.中国文化报，2021-07-20［2022-2-21］. http://www.ce.cn/culture/gd/202107/20/t20210720_36732232.shtml.

河流域文化记忆的有效保护与传承。

推进黄河国家文化公园的运营体系建立，通过政府引导下的市场结合运作模式进行黄河文化公园的综合运营管理。这种体系要求政府要加强在管理运营中对市场建设的引导，要通过实地调查研究依照严谨且符合实际的态度构想并建立全流域整体性的黄河文化保护相关条例，通过统筹搜集各地区文化资源数据搭建起可共享的黄河文化资源数据库，同时要增加对各地区黄河国家文化公园建设的专项财政支持，推动各地黄河国家文化公园配套基础设施和服务设施建设，推进黄河流域各地区开展多元化多层次的黄河文化交流与合作，打造黄河文化公共品牌。此外，也要充分发挥市场的主体作用，鼓励社会资本以直接投资、股权投资、基金设立等多种形式参与黄河国家文化公园建设，积极引入现代企业参与黄河国家文化公园的经营管理；要鼓励各地积极创新，有的放矢地创作一批有一定影响力的黄河文化作品，以黄河国家文化公园的建设来促进当地特色文化与旅游发展的深度融合。

不断完善黄河流域公共文化服务体系建设。统筹协调黄河流域各地的基础公共文化设施建设，加快完成黄河流域各地区的基层文化服务站网络建设；要学习先进地区发展基础实践中心的建设试点经验，以文明实践活动为重点，增加对黄河流域各地区县级图书馆的建设支持力度，通过"两馆"建设扶持资金，统筹推进黄河流域市县公共图书馆、文化馆的升级改造工程与数字化建设方案。各地区要充分将具有本地特色的黄河流域文化和当地旅游资源以及服务设施进行深度融合，努力提高文旅资源的特色化、创新性和服务能力。

构建全域全链、保障有力的多元要素支撑系统。面向黄河国家文化公园建设保护现实需要，加强人、地、钱、技术等核心要素支撑，完善建设保护链条体系，构建保障支撑有力的要素支撑系统。第一，强化人才支持。支持沿黄省区依托高等院校、科技机构等设立黄河文化研究院，实施黄河学者计划，培养一批长期深耕黄河文化研究的专家学者队伍和文艺创作队伍，加强对黄河非物质文化遗产和优秀传统工艺传承人的培养，促进黄河文化的系统研究和创造性转化。第二，加强土地支持。严格划定黄河国家文化公园管护红线，严厉打击各类非法占用管护区的行为，鼓励采取城乡联动、增减联动等多种土地供应方式，集体建设用地一案一议，加大对各地特色主题展览区、传统资源利用区、文旅融合区的用地支持力度，加快破解用地瓶颈制约。第三，加强财政支持。

允许地方政府创新利用地方专项债券支持黄河国家文化公园建设，支持设立不同形式的黄河文化旅游基金，为有关项目提供优惠政策支持。第四，加强技术支持。通过充分运用创新性的技术、理念，保护、传承和弘扬黄河文化，使博物馆珍藏的文物、广袤土地上展示的文物、古籍文字等"活"起来。

三、加强黄河文化展示和宣传推广

各地区应加强具有黄河流域地域特色的文化艺术创作。可充分结合全面建成小康社会、建党100周年等重要历史成就节点进行创作，推出一批质量过硬、受群众喜爱的文艺作品。积极组织"我们的中国梦"等各类文艺演出，包括黄河民歌比赛等活动，结合当地情况重点支持"黄河颂"等特色文化品牌的发展，进一步丰富人民群众的精神文化生活。

开展创新性的黄河文化宣传推广。要深入挖掘各地区富有特色的黄河文化内涵，推进特色艺术的创作和生产，充分发挥创新性和创造性，多渠道讲好"黄河故事"。优秀文艺作品的官方记述将在国内外进行交流和展示，利用官网、微信公众号、微博、抖音等新媒体平台，加强对黄河文化资源的推广。

四、实施黄河文化遗产系统保护工程

黄河流域各地应努力做好"黄河文化记忆"文献资源的收集、整理和开发工作，统筹推进黄河文化遗产系统保护工程。各省可依照实际情况通过大数据和数字化技术推进"黄河文化记忆"等特色资源及文献建设，可通过举办"非物质文化遗产入园活动""黄河记忆非物质文化遗产展示"等活动，促进非物质文化遗产与旅游业一体化发展，加强沿黄河各省之间的沟通交流，推进黄河文化遗产走廊建设。配合当地的历史文化名城、名镇、名村，发挥创新性和创造性，努力打造出一批具有当地旅游特色的名镇和示范村。

突出黄河水利文化。黄河国家文化公园的建设应在深入挖掘黄河特色文化的基础上进行。黄河水利文化是黄河文化的一部分，它最能体现黄河不同于其他大江大河流域的自然和文化特征，应该作为重点加以保护和展示。与长城、大运河和长征文化的项目或活动主题特征和主要文化资源定义相比，黄河文化主要基于"黄河流域"的空间概念，文化资源的内涵是广泛的。因此，黄河国家文化公园的建设规划、方案不仅仅应注重总体规划和形式、内容和建设措施，更要突破壁垒，准确把握黄河文化的整体性、系统性和主题性特征，体现国家层面和国际视野的高水平标准。

将黄河国家文化公园建设纳入黄河流域总体战略布局。做好黄河国家文化公园的建设和保护，要认真学习并执行《黄河流域生态保护和高质量发展规划纲要》的有关要求，各地要以促进黄河文化的保护、传承和弘扬为主线，重点规划敦煌文化区、河湟藏羌文化区、关中文化区、河洛—三晋文化区、儒家文化区的战略布局，规划好黄河各流域国家文化公园主要的建设和保护内容，确保黄河国家文化公园的建设充分反映国家战略需要①。

黄河国家文化公园建设范围较为广阔，要协调好黄河国家文化公园与相关其他国家公园、国家文化公园的关系②。黄河国家文化公园的建设与祁连山、三江源、黄河口等原有国家公园以及大运河、长城、长征等国家文化公园存在空间重叠关系。黄河流域内各地国家文化公园在建设过程中，要实事求是，准确把握各自的主题和定位。在重叠区域，施工内容根据文化或自然特征、差异和各自的重点进行，资源和设施平台可以共同利用，在规划层面上进行协调，以便不影响各自公园的系统完整的主题概念和系统，还要避免平台设施的重复建设、相互制约或干扰。黄河国家文化公园的建设与保护是一项庞大而复杂的系统工程，没有相对成熟的经验可供借鉴。因此，有必要明确黄河文化保护的发展现状和突出问题，从问题导向、目标导向和成果导向三个方向统筹处理好以下关系：国家标准与地方特色，长期目标和短期效果，政府引导和市场主导，传统保护和现代运营，公园建设和黄河战略。黄河国家文化公园的建设和保护过程不能独立于黄河战略之外，而必须在黄河战略的总体框架下实施，并与黄河战略的其他领域包括生态保护和可持续发展保持紧密联系，以提高整体建设和保护水平。

---

① 王利伟.高水平推进黄河国家文化公园建设保护［J］.中国经贸导刊，2021（13）：55-57.
② 李云鹏.对黄河水利文化及黄河国家文化公园建设的思考［J］.中国文化遗产，2021（05）：58-63.

第五章 三江源国家公园

2021年10月12日,中国正式设立第一批国家公园。这是中国特色社会主义事业"五位一体"总体布局中生态文明建设一项阶段性重大成果。自2015年国家公园体制试点启动以来,作为第一个体制试点的三江源国家公园独立探索出一条借鉴国际经验、符合中国国情、彰显三江源特点的国家公园体制创新之路,为我国其他国家公园的建设发挥了示范性作用。

第一节 美丽中国新篇章——三江源

一、三江源国家公园概况

(一)公园范围

三江源地处被称为地球"第三极"的青藏高原腹地,是长江、黄河、澜沧江的发源地,被誉为"中华水塔"。三江源国家公园是三江源的核心区域,位于青海省南部。区域总面积12.31万平方公里,涉及治多、曲麻莱、玛多、杂多四县和可可西里自然保护区管辖区域,共12个乡镇、53个行政村。

区域内有著名的昆仑山、巴颜喀拉山、唐古拉山等山脉,逶迤纵横,冰川耸立。长江、黄河、澜沧江源头景色迷人,各具特色:长江源区以俊美的高山冰川著称;黄河源头湖泊星罗棋布,呈现"千湖"奇观,鄂陵湖和扎陵湖如两颗镶嵌在高原草地的明珠;澜沧江源头峡谷两岸不仅风光无限,更是高原生灵的天堂。

(二)自然禀赋

三江源区域平均海拔4500米以上,以山原和高山峡谷地貌为主,地形复杂,冻土发育广泛,并兼有高寒草甸草原、沼泽湿地和高寒荒漠等多类型生态系统。三江源的水是多种多样的,园区内雪原广袤,江河湖泊、湿地冰川面积达307万公顷,景观独特并稀有,构成了罕见绮丽的高原水世界。其中面积大于1平方公里的湖泊有167个,以淡水湖和微咸水湖居多。荒漠主要分布于可可西里自然保护区，未受到人类活动干扰，仍保留着原始风貌，是极其珍贵的世界自然遗产。

因地处青藏高原高寒草甸与高寒荒漠之间的过渡区，三江源国家公园内野生植物类型丰富，主要以矮小的草本和垫状灌丛为主，森林和水生植被在公园内分布较少，仅占总面积的 0.4%，主要分布在三江源自然保护区的昂赛保护分区。长江源是世界高海拔地区生物多样性特点最显著的地区，被誉为高寒生物自然种质资源库。公园内有野生动物 125 种，多为青藏高原特有种，且种群数量大。其中有以雪豹、藏羚、黑颈鹤为代表的 10 种国家一级保护动物，以藏狐、马鹿、大鵟、雕鸮为代表的 15 种国家二级保护动物。

山水林田湖草共同组成了三江源地区的生命共同体，孕育了无数的高原精灵。高原脆弱的生态环境和珍稀资源与原住民们顺应自然、敬畏自然的生态理念相结合，培育了独一无二的生态文化，必须坚定不移地加以保护。

（三）战略地位

长江、黄河孕育了中华民族璀璨的上下五千年文明；澜沧江，一江通六国，是国际友谊的纽带。三江源不仅是生命之源也是文明之源，对中华民族发展至关重要。三江源国家公园作为三江源的核心区域，是"中华水塔塔尖"，更是展现三江源自然之美和悠久民族文化的窗口。园区集草地、湿地、森林、河流、湖泊、雪山、冰川、江河源头和野生动物、世界自然遗产为一体，与世界众多国家公园相比较，功能更多样、类型更齐全、结构更复杂、景观更丰富，更具自然生态的代表性、典型性、系统性和全局性。

设立三江源国家公园是党中央统筹推进"五位一体"总体布局的重大战略决策，是践行"绿水青山就是金山银山"的重要行动。三江源既是我国重要的水源涵养区和气候格局稳定器，也是亚洲、北半球乃至全球气候变化的敏感区和重要启动区，同时也是高原生物多样性最集中的地区。三江源国家公园特殊的地理位置、丰富的自然资源、重要的生态功能使其成为我国重要生态安全屏障，在全国生态文明建设中具有特殊重要地位，关系到全国的生态安全和中华民族的长远发展。

二、三江源国家公园建设历程

（一）身份的迭代更新，彰显中国智慧

20世纪70年代之前，三江源地区曾水草丰美，冰川湖泊密布；20世纪70年代后期，三江源地区开始受到人类活动的干预，大片草原开始退化；到了20世纪90年代，区域内草场退化严重，野生动物淡出视野，一半以上的湖泊河流常年干涸，有些甚至被黄沙吞噬，冰川消融，自然灾害频发，生态状况急剧恶化，不容乐观。为恢复三江源生态，2000年，成立了三江源自然保护区；2005年，《青海三江源自然保护区生态保护和建设总体规划》正式被批准实施，生态保护一期工程正式启动；2011年，三江源国家生态保护综合实验区建立，这是我国生态文明建设的又一具体实践，截至2015年，三江源生态工程累计投资接近200亿元；2015年12月，中央全面深化改革领导小组第十九次会议审议通过《三江源国家公园体制试点方案》，我国第一个国家公园体制试点应运而生，开始独立探索中国国家公园体制创新之路；2016年6月，三江源国家公园管理局正式成立；2017年出台并实行《三江源国家公园条例（试行）》，这是我国首个关于国家公园的地方性法规；2018年1月，国家发展改革委正式印发《三江源国家公园总体规划》（简称"《总体规划》"），标志着三江源国家公园进入了全面推进阶段，随后连续两年发布的《三江源国家公园公报》总结了国家公园体制机制创新工作，国家公园试点建设进入了深化阶段；经历了6年的实践探索，三江源国家公园于2021年10月12日正式设立（见图5-1）。

在历史的进程中，三江源数次换"新衣"，它曾是中国历史上最大的自然保护区，它曾成为国家生态保护综合实验区，它曾是中国第一个国家公园体制试点，而现在，它是中国第一批正式成立的五个国家公园之一。三江源是中国一步步走向生态文明的历史见证者，从某种程度上说，三江源可以被看作中国国家公园的象征，它承载着全民族对自然保护和生态文明的希望。以国家公园为主体的自然保护体系建设，极大地彰显了"绿水青山就是金山银山"的中国智慧，而三江源国家公园讲述的正是这样一个中国故事。

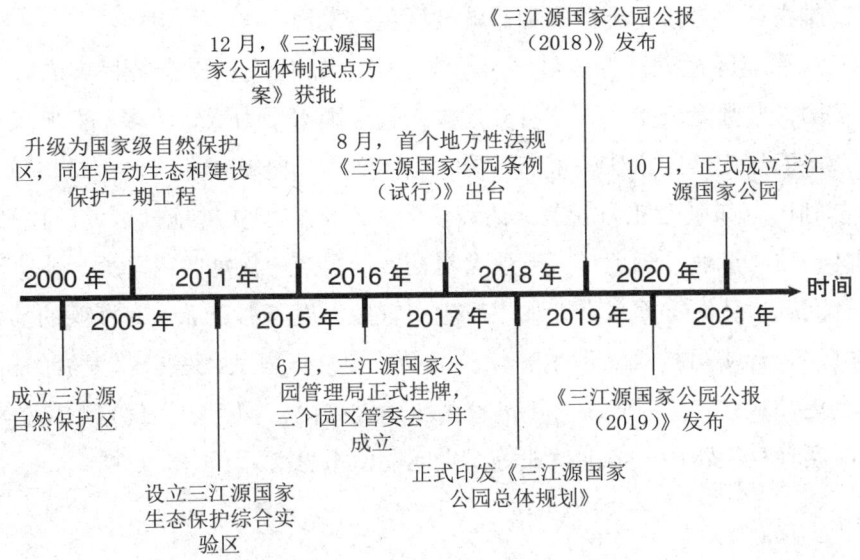

图 5-1 三江源国家公园建设历程

图片来源：作者自绘

（二）机遇与挑战并存

三江源之所以可以建设成为国家公园，既源于得天独厚的自然禀赋、成果丰富的生态实践，又得益于国家自十八届三中全会以来全面深化改革、建设国家公园体制的一系列政策机遇。虽然在试点工作期间通过明确管理主体权责范围，一定程度上解决了"九龙治水"的混乱管理局面，但"难"亦是三江源国家公园建设的一大特点。

1. 难在多头规划的整体统筹

目前，三江源国家公园既要按部就班实施已有的国家生态保护综合实验区总体方案、国家公园总体规划以及自然保护区规划等各种相关规划，又要与全国各级城乡建设规划、经济发展规划、土地利用规划等各项专项规划相衔接。各种规划的规划范围和功能定位又有异同，因此无论是从行政管理还是从保护目标来看，执行难度都很大，问题都很多。

2. 难在社会经济基础薄弱和影响社区生计发展

三江源地区地处高原，经济社会欠发达，常住人口以少数民族农牧民为主，贫困人口数量较多，人均可支配收入较全国水平为低。治多、曲麻莱、玛多、杂多四县均是国家扶贫重点单位，主体产业仍是畜牧业，经济结构单一且公共基础设施和服务能力较差。研究表明，对于自然保护地社区的居民来说，限制林、牧、渔业，规范准入产业会对社区居民产生例如收入降低、生产受限等生计问题，从两方面来看，如果对生态管控力度不够，那么对资源的消耗会使得社区生计不可持续，但生态保护又会使得社区居民失去公平发展的机会，脱贫会更加艰难①。因此，对于国家公园建设来说，如何在实现自然保护目标的同时实现社区转型、增加就业等民生问题值得思考。

第二节 合理规划构建空间布局"保护伞"

三江源国家公园科学的空间布局和明确的功能定位，系统地保护了三江源自然文化遗产的原真性和完整性，是国家公园能够持续深入建设的重要"保护伞"②。

一、"一园三区"总体布局

三江源国家公园包括"一园三区"。"一园"即三江源国家公园，"三区"即长江源、黄河源、澜沧江源3个园区。根据《三江源国家公园总体规划》，总结了各个园区的生态特点，并对每个园区进行目标管理，详细情况如表5-1所示。

---

① 何思源，王博杰，王国萍，等.自然保护地社区生计转型与产业发展的经验与启示［J］.生态学报，2021（23）：1-9.
② 杨玥.你不知道的三江源国家公园：三江源国家公园的"保护伞"［EB/OL］.（2022-1-11）［2022-3-1］.http://sjy.qinghai.gov.cn/park/zjjy/24235.html.

表 5-1　三江源国家公园空间分区管理

园区名称	区域范围	生态特点	园区管理目标
长江源	位于玉树治多、曲麻莱县，包括可可西里国家级自然保护区、三江源国家级自然保护区索加—曲麻河保护分区	荒漠生态系统和高寒草原、湿地生态系统生物多样性丰富，有多种高原特有野生动植物	创建青海可可西里世界自然遗产品牌；打造"野生动物天堂"展示平台；搭建长江源科考探险廊道
黄河源	位于果洛州玛多县境内，包括三江源国家级自然保护区的扎陵湖—鄂陵湖和星星海2个保护分区	拥有举世罕见的"千湖"景观；高寒湿地、草地生态系统形态独特	开展黄河探源和自然生态体验，展现高原千湖景观；打造近距离野生动物观览平台；打造黄河文化、藏族传统生活和民族风情体验区
澜沧江	位于玉树杂多县，包括青海三江源国家级自然保护区果宗木查、昂赛2个保护分区	以高原峡谷为主，冰蚀地貌广泛，是全球雪豹分布最密集地区；地域民族文化历史悠久	强化有害生物的综合防控和退化生态系统修复；打造澜沧江大峡谷览胜走廊；塑造国际河流源区探秘胜地

二、三江源国家公园功能分区

功能分区是三江源国家公园规划中必不可少的核心内容。已有学者对我国国家公园功能分区的评价指标体系做出探索，其中生态系统服务、生态敏感性、生态压力和物种潜在生境等最为重要[①]。

通过对三江源地区生态资源的梳理，在处理好各自然保护区与国家公园关系的基础上，三江源国家公园划分"核心保护区、生态保育区、传统利用区"三大片区。其中，核心保护区和生态保育区是自然生态、生物栖息的核心分布区，也是国家公园的主体，除了科研活动之外严格限制人类活动。传统利用区是以生态空间为基础，兼有生产生活的"三生"空间重点发展区域，也是开展生态文化体验与环境教育的重要空间载体。三江源国家公园三大功能分区的利用模式如图5-2所示。

---

① 付梦娣，田俊量，朱彦鹏，等.三江源国家公园功能分区与目标管理[J].生物多样性，2017，25（1）：52-63.

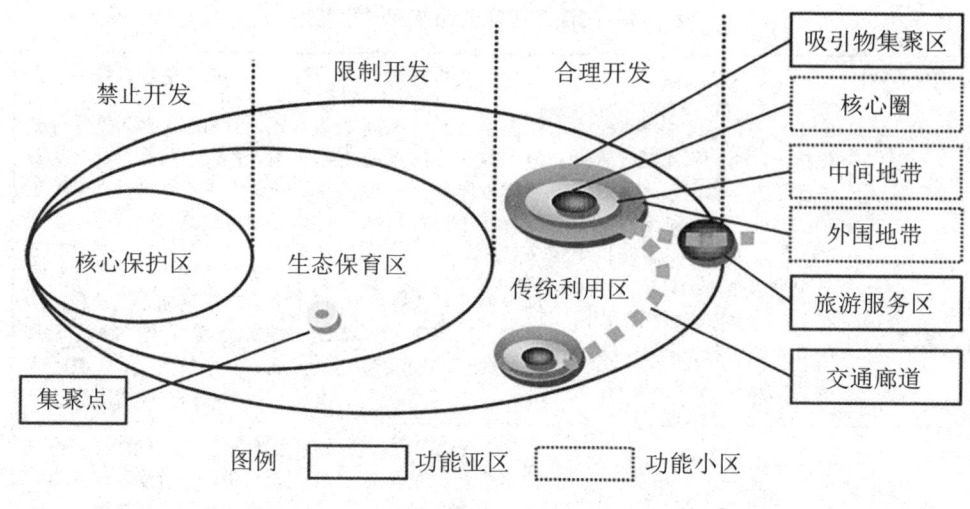

图 5-2　三江源国家公园功能分区利用模式①

第三节　三江源国家公园体制创新实践

在开展三江源国家公园体制试点期间,领导班子积极优化管理体制,创造性地总结出"一面旗帜引领、一个部门管理、一种类型整合、一套制度治理、一户一岗管护、一体系统监测、一支执法队伍、一众力量推动、一种精神支撑"九个一的三江源模式②。

一、科层统一垂直管理体制

为解决"九龙治水"和自然资源执法监管碎片化弊端,克服政出多门和管理缺位、不到位的问题,三江源国家公园在试点阶段探索建立了"一件事由一

---

① 向宝惠,曾瑜皙.三江源国家公园体制试点区生态旅游系统构建与运行机制探讨[J].资源科学,2017,39(1):50-60.

② 沈甜.三江源国家公园,探索生态文明建设好经验[EB/OL].(2021-10-19)[2022-3-1].https://topics.gmw.cn/2021-10/19/content_35265604.htm.

个部门来管"的权责边界清晰、所有权和监管权分离、地方政府和国家公园管理部门良性互动的新型管理体制。该模式注重法律法规对生态保护和有效治理的保障,从而通过"法治"实现"善治"[①]。

(一)不调整行政区划,整合优化、统一规范,建立管理主体

2016年6月按照"编随职转,人随事走"的原则,组建了三江源国家公园管理局,将散落于林业、国土、水利、生态等部门的生态保护职能优化整合,统一行使国有自然资源资产所有者职责,并将自然资源所有权和监管权分离。管理局内分设党政办公室、规划与财务处、生态保护处、执法监督处、国际合作与科技宣传处等10个部门,提高行政效率,实现低成本的有机统一。

(二)构建"管理—管委会—保护站"三级管理体系

三江源国家公园在体制试点期间,逐步形成了"1+3+12"的分级管理体系。"1"指一个三江源国家公园管理局,"3"是按"一园三区"布局,分别整合治多县、曲麻莱县、玛多县和杂多县政府涉及自然资源和生态保护相关部门职责,设立长江源、黄河源、澜沧江源3个国家公园园区管理委员会(简称园区管委会)。其中长江源管委会下设治多、曲麻莱和可可西里三个管理处。同时,整合湿地保护站、林业站等自然生态保护单位,设立生态保护站,为管委会下设机构,承担园区内外生态管护工作。并且在国家公园范围内的12个乡镇政府挂保护管理站牌子,达到基层管理机构的权力实现,从而建立了由三江源国家管理局、园区管委会以及保护管理站组成的完整行政管理体系(见图5-3)。

---

① 张海霞,钟林生.国家公园管理机构建设的制度逻辑与模式选择研究[J].资源科学,2017,39(1):11-19.

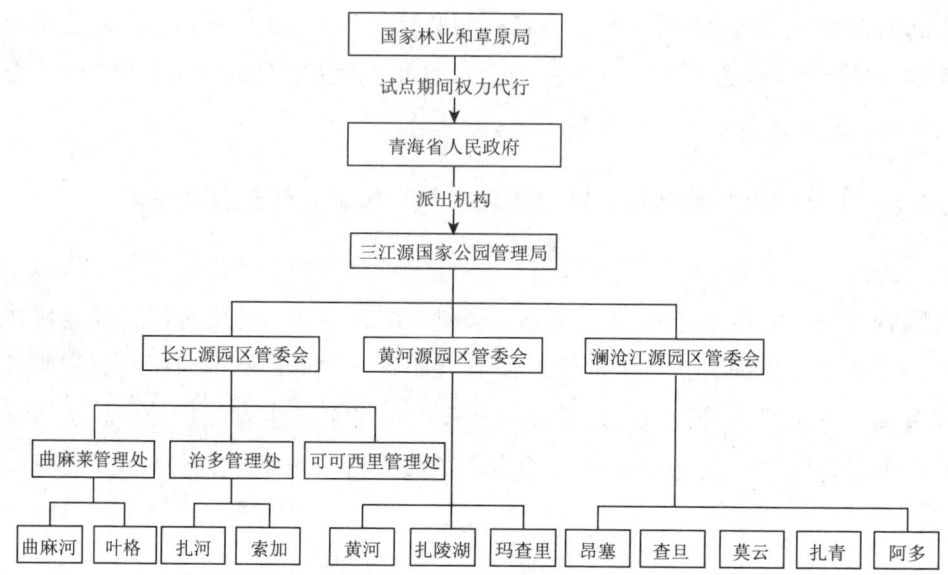

图 5-3 三江源国家公园管理体系架构

二、运营机制

（一）草原承包经营权流转

在原则上，三江源国家公园管理局坚持草原国家所有，实行所有权、承包权、经营权三权分置。园区通过提供非牧就业岗位等措施，推进核心保护区的草原经营权向特许经营权的平移，对核心保护区实行最严格的生态保护。对生态保育区和传统利用区，按照"依法、自愿、有偿"原则引导牧民进行草原承包经营权流转，在草畜平衡的前提下，适度发展规模经营。

（二）特许经营机制

国家公园特许经营机制是在生态环境不被破坏的前提下，通过甄选受许人，依法赋予其特许经营权，同时为访客提供生态体验相关服务并向政府支付特许经营费的机制。我国特许经营正处于起步阶段，三江源国家公园率先做出了实践探索[①]（见图 5-4）。

---

① 朱洪革，赵梦涵，朱震锋.国内外国家公园特许经营实践及启示[J].世界林业研究，2022，35（1）：50-55.

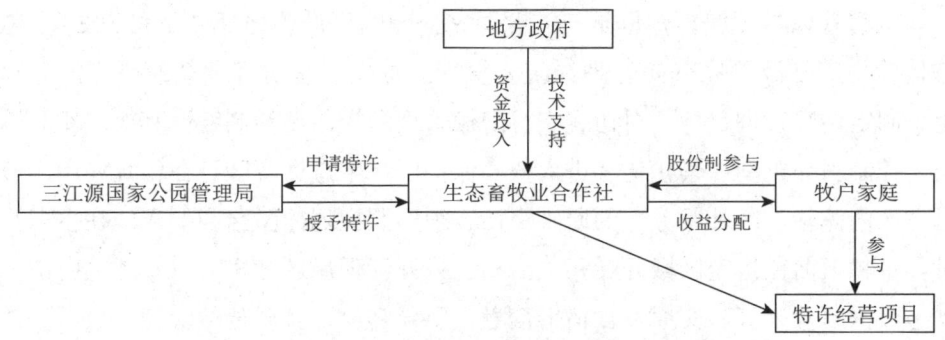

图 5-4 特许经营参与机制

　　澜沧江源园区昂塞乡境内扎区河蜿蜒而过，有着最完整的白垩纪丹霞地貌，并享有"雪豹之乡"的美誉。2017年，根据《三江源国家公园产业化经营项目特许经营管理办法（试行）》，在昂赛大峡谷开展雪豹观察特许经营项目试点，22户牧民家庭被选拔为"生态体验接待家庭"。接待家庭需要经过培训，为生态访客提供食宿行和向导服务，并负责教授红外相机的使用方法。2019年全年昂塞峡谷试点共接待国内外生态体验团队98个，体验访客302人次，经营收入达101万元。特许经营所得收益分配以改善社区民生为导向，其中45%归牧民自己，45%用于村镇公共建设，另外10%用于野生动植物保护。

　　除了生态体验项目，三江源国家公园特许经营范围广泛，还包含环境教育服务、餐饮、住宿旅游商品、民族文化产业和有机产品加工业等经营项目，项目丰富，从而实现资源绿色运营和资源价值合理化的双重目的[①]。

（三）生态体验

　　目前，三江源国家公园已开发出昂塞峡谷徒步线路、长江源科考探险线路、三江源溯源红色线路、探访野生动物等多条生态体验线路和多项特许经营项目。生态体验的主要内容包括生态示范、自然体验和科学研究，让来访者在参观生态保护工程，参与生态保护建设实践和培训的过程中感受"人与自然和谐相处"的生态理念。

---

① 耿松涛，张鸿霞，严荣.我国国家公园特许经营分析与运营模式选择［J］.林业资源管理，2021（05）：10-19.

访客管理与环境教育也是三江源国家公园的可借鉴之处（见表5-2）。生态体验由三江源国家公园管理局统一管理。首先，在访客承载量研究的基础上，制定访客管理目标，对访客实行限额管理和提前预约制度。其次，建立体验者控制引导机制。禁止访客进入核心保护区和生态保育区；在传统利用区遵循"区内体验、区外服务"的原则，访客须遵照规划体验路线要求，在生态管护员带领下前往指定区域开展相关活动。另外管理局还会实时发布园区内访客动态数据以及天气、交通、食宿等信息，引导客流，实现智慧管理。最后，遵循"通过解说而了解，通过了解而欣赏，通过欣赏而保护"的理念建立一系列解说系统，向来访者普及生态、国家公园常识并解读政策，从而将单一旅游需求转变为生态伦理教育、生态保护体验。

表5-2 不同区域的生态体验管理

区域	体验方式
核心保护区	不设生态体验点，以科研和环境教育为主要目的
生态保育区	在严格论证和科学设计的基础上，适度开展生态体验和环境教育活动，除配备必要的进入设施和安全设施外，不得修建人工设施
传统利用区	依托社区提供必要的服务，严格限制商业经营性旅游活动。允许以特许经营方式适度开办牧家乐及文化和餐饮娱乐服务等，但要严格控制访客流量
园区外	建设必要的生态体验和环境教育接待服务基地，通过特许经营的方式适度发展生态旅游

三、全方位多层面保障机制

（一）政策法规体系

自2017年《三江源国家公园条例》施行以来，三江源国家公园进一步加快地方性法规和政策建设，陆续出台涉及生态管护、财政预算、特许经营、社会捐赠等多方面、全方位的管理办法，具体如表5-3所示。

表 5-3　三江源国家公园立法和政策体系[①]

类别	名称
法规	《三江源国家公园条例（试行）》
	《青海省可可西里自然遗产地保护条例（2016）》
政策	《三江源国家公园财政预算管理办法》
	《三江源国家公园社会捐赠管理办法》
	《三江源国家公园志愿者管理办法》
	《三江源国家公园国际合作交流管理办法》
	《三江源国家公园科研科普活动管理办法》
	《三江源国家公园访客管理办法》
	《三江源国家公园生态管护员公益岗位管理办法》
	《三江源国家公园经营性项目特许经营管理办法》
	《三江源国家公园项目投资管理办法》
	《三江源国家公园野生动物伤害补偿办法》
	《三江源国家公园草原承包经营权流转制度》
	《三江源国家公园牧民生产经营模式方案》
	《三江源国家公园环境教育管理办法（试行）》

（二）财政保障制度

为实现三江源国家公园向纵深阶段发展，就必须要推动建立以财政投入为主的多元化资金保障制度[②]。在试点期间，三江源国家公园发展所需要的主要资金由青海省财政统筹，并被纳入中央财政支出范围。从资金投入数额来看，2016 年至 2019 年，三江源国家公园分别接受省级财政拨款 19 624 万元、51 207 万元、103 895 万元、122 649 万元；2017 年至 2019 年分别接受中央财政拨款 64 535 万元、72 947 万元、95 034 万元。从数据可以看出，财政拨款数额逐年递增，且增速较快，说明三江源国家公园建设、运营和维护仍然依赖于财政资金，自主获取资源能力仍然较弱。另外，由于目前中央政府并未设立

---

① 资料来源于三江源国家公园管理局官网：http://sjy.qinghai.gov.cn/.
② 王宇飞.国家公园生态补偿的实践探索与改进建议：以三江源国家公园体制试点为例[J].国土资源情报, 2020（07）：22-26.

国家公园专项资金渠道，三江源国家公园中央财政资金以一些地区专项以及生态保护和生态建设工程项目资金为主，不具有可持续性，这也是所有国家公园共同面临的问题。

但三江源国家公园体制试点成立后，园区就积极进行体制机制的创新探索，在生态补偿和金融项目上都有了喜人的成绩。

最具代表性的就是生态补偿机制。具体措施包括设置生态保护公益岗位、落实管护员政策、发放政策性生态补助资金、设立"人兽冲突保险基金"以及发展绿色畜牧业的"生态扶贫"新模式。多项举措侧重对社区民生的改善，因而获得了本地农牧民的高度认可。常规的政策性生态补偿包含了退耕还林（草）政策、退牧还草政策、生态移民搬迁安置补助、湿地生态效益试点补偿以及草原生态保护奖励补助等，这些补助每年约 7000 元，是农牧民除了生态管护外的又一稳定收入。据 2019 年《三江源国家公园公报》显示，2019 年三个园区共落实分配奖补资金 48 916.94 万元。"十四五"期间，三江源国家公园将继续实施第三轮草原奖补政策，按照"大稳定、小调整"原则进行分配，完善生态补偿机制。另外，农牧民还可以通过给自家牲畜投保的方式，针对野生动物和家畜、人类冲突获得相应的补偿。

其次是向社会募集资金。三江源国家公园管理局做出了许多努力，成立了三江源生态保护基金会，而后与阿拉善 SEE、中国绿化基金、世界自然基金（WWF）、巧女基金会、中华环保基金会、全球环境基金等组织进行合作，但所募资金相对于财政拨款来说甚微。在今后，三江源国家公园将深入项目研究管理，并配合国家发展改革委建立"十四五项目储备库"，继续完善项目管理。

目前，三江源国家公园的资金保障制度体系尚不完善，缺乏商业性金融支撑保障，应积极构建绿色金融体系，包括绿色项目信贷投放、推进绿色保险发展和绿色产业基金等。

（三）社区共建共享

建立有效的社区发展与社区参与机制也是国家公园建设的重要任务。三江源国家公园在体制试点期间积极探索，积累了丰富的实践经验。

1. 构建和谐社区、智慧社区、生态社区，注重人的发展

《三江源国家公园总体规划》(2018年)中指出，要将加吉博洛镇、约改镇、玛查理镇、萨呼腾镇打造成美丽特色小镇，加强城镇对国家公园建设的支撑作用，但目前美丽小镇建设仍处于前期筹备阶段。三江源生态保护项目实施以后，许多牧民从草原迁出，但是由于缺乏就业经历和技能，往往只能从事一些体力劳动和低级服务业[①]。除了促进社区发展，还对园区内外的农牧民开展了民族手工艺品加工、民间艺术技能、农业技术、机械驾驶、汽车和摩托车维修、烹饪、农家乐、泥塑等技能培训，提高居民的技能水平。

2. 全民参与构建生态基层网底

设立生态保护公益岗位，能有效调动农牧民参与国家公园建设的积极性，促使他们从单一的草原利用者转变为生态保护受益者，让每一位牧民群众成为国家公园建设的内生动力。目前，三江源国家公园内共有牧户 17 211 户，公园设置了 17 211 个生态管护员岗位，每人每月工资 1800 元。每个管护员都是"一岗多责、一专多能"，不仅要负责园区日常的巡护工作，而且要帮助宣传党的政策方针，发现、报告并制止破坏生态的行为，呼吁更多人参与国家公园的建设，让吃"生态饭"成为共识。为确保生态管护的质量，三江源国家公园管理局对生态管护员会进行定期培训和绩效考核，实现生态保护和民生改善双赢（见图5-5）。

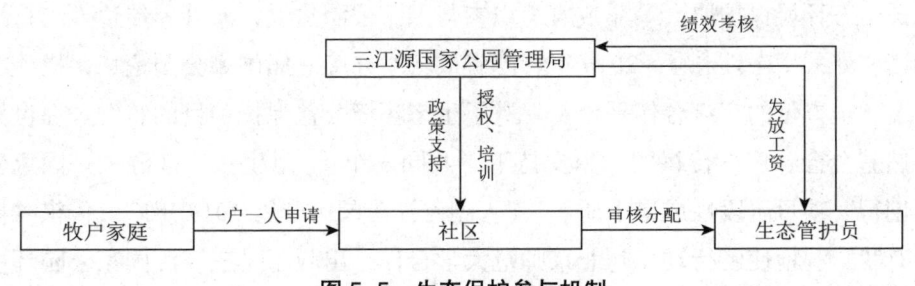

图 5-5　生态保护参与机制

生态保护公益岗位制度实施以来，逐步形成了新型网格化社区，成为国家

---

① 李惠梅，张雄，张俊峰，等.自然资源保护对参与者多维福祉的影响：以黄河源头玛多牧民为例[J].生态学报，2014，34（22）：6767-6777.

公园的保护主体。在实际运行中，生态管护员的选聘与管理也衍生出了三种不同的模式①，即"精英优先"、"贫困优先"以及"全村轮流"三种，其中以"贫困优先"模式应用最为广泛。另外，还开展了生态管护员公益性保险试点，与中国太平洋保险（集团）股份有限公司合作，为园区 17 211 名生态管护员捐款投保团体人身意外伤害保险，保费每人 96 元/年，意外伤害保额每人 30 万元，意外伤害医疗每人 2 万元，风险保障总额达 54.40 亿元②。

3. 建立生态畜牧业合作社

三江源地区各州、县政府鼓励居民参与到脱贫致富的工作中来，其中一项重要实践就是通过建立畜牧业合作社，缓解草畜矛盾，促进贫困农牧民增收。生态畜牧业合作社采取股份制经营方式，尝试将草原承包经营逐步转向特许经营方式，鼓励发展生态体验，从而提高产品的生态附加值，切实让农牧民成为生态红利的共享者。

（四）社会参与和对外交流

积极引导社会各界和各类社会组织参与国家公园的建设和宣传教育工作。青海省已经连续 15 年举办三江源国际摄影节，大力宣传三江源的自然文化景观；并将环境教育纳入中小学教育中，倡导践行"生态、生产、生活"。除此之外，还借助媒体力量，引导例如阿拉善 SEE、全球环境研究所（GEI）、三江源生态环境保护协会等非政府组织参与国家公园建设，向外界传达人与自然和谐相处的生态理念③。2019 年青海省成功举办第一届国家公园论坛，搭建多维度、全方位的交流合作平台，促进了生态环境公益保护项目的签约。在世界自然基金会、广汽传祺的大力支持下，共同发布《"诞生在三江源——国家公园创行"项目阶段性成果手册》，深入澜沧江源园区开展 2019 年广汽传祺"护源有我"湿地使者行动。与北京师范大学合作，出版了《三江源国家公园环境

---

① Zhao X, Zhu Z, Lu Z, at. An observation to the new initiative of community conservation guard posts in the pilot Three-River-Source National Park [J]. Biodiversity Science, 2018, 26 (2): 210-216.
② 三江源国家公园管理局. 三江源国家公园公报（2019）[EB/OL].（2020-03-04）[2022-3-1]. http://sjy.qinghai.gov.cn/govgk/gknr/bmwj/16835.html.
③ 苏海红, 李婧梅. 三江源国家公园体制试点中社区共建的路径研究 [J]. 青海社会科学, 2019 (03): 109-118.

解说手册》(2019年版)。

初步建立了完善的志愿者服务制度，规范管理志愿者招募、教育培训、协助管理等活动，吸引了社会各界人士广泛参与三江源国家公园的志愿服务。并且园区鼓励社会组织和个人参与生态保护、社区共建、特许经营、授权管理、宣传教育、科学研究等领域合作。

坚持开放建园。三江源国家公园于2017年先后与智利西普勒斯国家公园、厄瓜多尔马奇琴度热带雨林国家公园签订生态保护合作交流框架协议，在生态保护建设研究、人才培养等方面开展合作，共同促进国家公园生态保护建设工作。2021年又与巴基斯坦建立国内外"友好公园"关系，并且参与国内外交流与学术活动，加强国际交流和合作。同时加强流域合作，促进建立长江、黄河、澜沧江流域生态保护共建共享机制。

(五) 智慧国家公园

《三江源国家公园总体规划》中提出，要运用先进技术和设施，并充分利用有关公共基础设施和既有资源，引用社会力量，集约建设"智慧国家公园"，将国家公园打造成为具有国际水平的科技、生态监测和自然教育示范基地。

目前，三江源国家公园管理局制定了智慧国家公园建设实施方案，通过"互联网+"和立体化感知、大数据决策、协同化办公、云信息服务等技术，初步建立了与城镇共享的信息基础设施。进一步建立健全"天空地一体化"监测网络体系建设，充分应用现代化、高科技手段，积极开展国家公园范围内生态环境监测的实践与探索。依托中国科学院三江源国家公园研究院技术力量，初步构建"星—空—地"一体化监测体系，并首次应用红外传感设备监测野生动物。

在未来的智慧国家公园建设中将继续发挥云计算和大数据中心的技术优势，利用可视化管理与智能应用平台，期望达到监控网络化、分析智能化、存储高效化、信息共享化，从而有力支撑国家公园的生态保护、生态体验、环境教育、科研监测等活动，实现国家公园的智能化、信息化、精细化管理，为公众参与提供方便。

(六)执法体制改革

"一支执法队伍"是三江源国家公园管理体制创新的重要成果。统一执法也是国家公园实现目标管理的重要工具。首先,三江源国家公园管理局建立了一支高效有力的自然资源综合执法队伍。在国家公园体制改革实践中,整合了长江源、黄河源和澜沧江源三个园区和所属四个县的各类资源环境管理部门和执法机构,设立资源执法局,集中统一开展执法行为[①]。其次,首创性地与高级人民法院、检察院合作建立生态保护司法合作机制,在三江源设立第一生态法庭——玉树州人民法院三江源生态法庭,为国家公园的生态建设保护提供了强有力的司法保障。统一的资源环境执法队伍和司法的高效联动为积极推进三江源国家公园总体和专项建设提供了坚实的保障[②]。再次,三江源国家公园也是第一次将森林公安局划归为管理局,建立起一支国家公园警察队伍,并设立执法监督处。在现有职责基础上,将执法和案件查处权扩大到三江源国家公园和三江源自然保护区范围内国土、环保、林业、农牧等自然资源刑事司法领域,增加协调刑事司法和行政执法联动职责和自然资源执法督导职责,形成了事实上的"生态公安"。最后,管理局与邻省各保护区管理机构建立边界联防合作机制,构建"平安边界"。三江源国家公园森林公安局主动与新疆、西藏、四川等邻县森林公安局签订了《平安边界联防合作协议》,形成机制化、制度化、常态化、高效化的警务合作机制,构建了警务信息互通、警力资源共享、边界联防互动、执法办案互助、共建监测网络的边界警务联防体系;并会同可可西里管理局与新疆阿尔金山、西藏羌塘等国家级自然保护区管理部门初步形成联合巡护长效机制,共同维护边界地区社会政治稳定和生态环境安全。

---

① 国家发展和改革委员会.三江源国家公园总体规划[EB/OL].(2018-01-17)[2022-3-1].http://www.gov.cn/xinwen/2018-01/17/5257568/files/c26af29955e141bda0d736a673dac4c5.pdf.
② 苏巧红,王楠,苏扬.三江源国家公园执法体制改革经验及其可复制性[J].生物多样性,2021,29(3):304-306.

第六章 大熊猫国家公园

第一节　大熊猫国家公园概况

2021年10月12日，大熊猫国家公园被列入第一批国家公园名单。大熊猫国家公园位于中国西部地区，由四川、陕西、甘肃三个省份范围内的大熊猫主要栖息地合并而成，规划面积为27 134平方公里，其建立的主要目的是保护和修复大熊猫栖息地，增强栖息地的连通性，保障大熊猫种群的稳定性[1]。

一、自然条件

1. 丰富的植物资源

大熊猫国家公园森林面积达19 556平方公里，森林覆盖率高达72.07%，植被垂直分布明显。大熊猫国家公园内有种子植物3446种，国家重点保护野生植物35种，国家一级重点保护野生植物4种，国家二级重点保护野生植物31种。

2. 以大熊猫为主的动物资源

大熊猫国家公园共有脊椎动物641种，其中兽类141种，鸟类338种，两栖爬行动物77种，鱼类85种。大熊猫国家公园共有1631只野生大熊猫，占中国野生大熊猫总数的87.50%，栖息地面积占中国大熊猫栖息地面积的70.08%。大熊猫国家公园共有18个地方种群，分布在邛崃山中北部、秦岭中段和岷山中部。大熊猫是中国特有的物种，建设大熊猫国家公园不仅可以实现大熊猫种群的稳定繁殖，而且可以保护公园内的生物多样性，维护生态系统的平衡与稳定。

---

[1] 张俞，张智光.我国国家公园的建设经营与分区管理模式分析[J].经营与管理，2022（01）：143-148.

二、规划范围

大熊猫国家公园的总体规划面积为 27 134 平方公里。它由四川省岷山地区、四川省邛崃山—大香岭地区、陕西省秦岭地区和甘肃省白水江地区组成。就空间范围而言，大熊猫国家公园涉及三个省份：四川、陕西和甘肃。其中，四川涉及总面积 20 177 平方公里，占总面积的 74.36%，是三省中占地最大的，包括成都、眉山、绵阳等 7 个市（州）；陕西涉及面积 4386 平方公里，占 16.16%，包括西安、宝鸡、汉中和安康；甘肃省涉及区域面积仅 2571 平方公里，占 9.48%，包括陇南 1 市。

三、功能分区：核心保护区和一般控制区

大熊猫国家公园分为核心保护区和一般控制区，实行差异化管理和保护，促进生态系统和自然资源的有效保护。核心保护区占据大熊猫国家公园大部分面积，占 74.22%，面积为 20 140 平方公里，核心保护区不仅是大熊猫种群繁衍的重要区域，也是控制最严格的区域。一般控制区面积为 6994 平方公里，占 25.78%，是居民生产生活、生态走廊建设和生态恢复的区域（见表 6-1）。

表 6-1　大熊猫国家公园范围[①]

省份	国家公园面积（平方公里）	占比（%）	核心保护区面积（平方公里）	占比（%）	一般控制区面积（平方公里）	占比（%）
四川	20 177	74.36	15 518	77.05	4659	66.61
陕西	4386	16.16	3151	15.65	1235	17.66
甘肃	2571	9.48	1471	7.30	1100	15.73
合计	27 134	100	20 140	100	6994	100

核心保护区包括大熊猫种群的密集分布区域及其他受重点保护的栖息地，实施最严格的管控措施。核心保护区由世界自然遗产地核心保护区、国家一级公益林中的大熊猫适宜栖息地等组成。核心保护区在维持大熊猫种群正常繁衍

---

① 国家林业和草原局.《大熊猫国家公园总体规划（征求意见稿）》[EB/OL].(2019-10-17)[2022-3-1]. https://www.doc88.com/p-7778755766264.html.

生息的过程中发挥了不可替代的作用。为了保护生态系统的完整性和原真性，最大限度地减少人类活动对原生栖息地的影响，核心保护区原则上严禁人为活动，经有关部门批准后，核心保护区内才可以开展科学研究、建设生态廊道、保护修复工程建设等活动。对于核心保护区内有以下管控措施：对于暂时不能搬迁的原住居民，总体上控制增量、减少存量，到2025年全部完成搬迁；鸟类觅食的耕地允许保留在核心区内，但是限制使用农药和化肥，以减少对生态环境的破坏；对于水生生物栖息地，航道船只经过时需要限速限行、降低噪声；在野生动物栖息的季节，野生动物迁徙、洄游的区域应采取严格管控。

一般控制区是居民生产生活、生态廊道建设和生态恢复的重要区域，也是森工企业、林场员工和社区居民在国家公园进行生产活动的主要区域。在一般控制区，需要依法控制人类活动，严格控制人们使用园区内的土地和空间。除国家重大战略项目外，仅允许以下几类人为活动：少数原住居民在不扩大现有建设用地和耕地规模的情况下进行的必要生产活动；国家重大能源安全所需的地质勘探和能源勘探；必要的生态环境监测和灾害防治活动；经法律批准的科学研究观察、样品采集、考古发掘和文物保护活动；适度的观光和必要的公共设施；堤防防洪和供水设施的建设；重要生态修复工程[①]。

四、建设意义

大熊猫国家公园从名字中便可以看出其突出对大熊猫的保护，对大熊猫来说，公园的建设使大熊猫得到了良好的栖息环境和全面的保护，种群的繁衍得到了保障；对人类来说，科研工作者可以进行更加详尽的研究，人们可以走近大熊猫的生活，了解大熊猫的习性。不同于一般的保护动物，大熊猫除具有科学研究和生态价值外，在政治、经济、外交等领域也扮演着重要的角色[②]。大熊猫国家公园在发挥国宝外交优势、保护生物多样性方面具有重要意义。

---

① 国家林业和草原局.《大熊猫国家公园总体规划（征求意见稿）》[EB/OL].（2019-10-17）[2022-3-1]. https://www.doc88.com/p-7778755766264.html.

② 安童童，张玉钧，丛丽，等.基于秦岭大熊猫保护的国家公园规划思考[J].北京林业大学学报（社会科学版），2017（2）.

第二节　大熊猫国家公园建设历程

一、建设背景与建设过程

大熊猫是我国的国宝,作为外交使者,为中国的外交关系做出了不可磨灭的贡献。但是由于大熊猫栖息地被自然地形、植被分布、交通道路、耕地等隔离成众多板块,导致种群密度低,保护形势不容乐观。根据第四次全国大熊猫调查,受人为干扰以及地震等自然灾害频发等因素影响,大熊猫栖息地已缩减至秦岭、岷山、邛崃、大乡、潇湘、凉山六个山系。大熊猫栖息地的核心区域与汶川和雅安地震带重合,当发生地震时,大熊猫栖息地很容易受到严重损害,大熊猫种群存在灭绝的风险。1962年,中国将大熊猫列为禁止狩猎的动物。1988年《中华人民共和国野生动物保护法》颁布后,国务院立即批准公布《国家重点保护野生动物名录》,正式认定大熊猫为国家一级重点保护野生动物。大熊猫的保护和研究越来越受到人们的关注。中国在20世纪60年代建立了卧龙、王朗等五个大熊猫自然保护区,这是大熊猫就地保护的最早保护形式。

为全面贯彻落实党中央、国务院对大熊猫国家公园体制试点工作的总体部署,按照《建立国家公园体制总体方案》和《大熊猫国家公园体制试点方案》要求,推动大熊猫国家公园体制试点任务落地实施,国家林业和草原局会同四川、陕西、甘肃三省编制形成了《大熊猫国家公园总体规划(2019—2025年)》(以下简称"《总体规划》")。《总体规划》坚持以习近平新时代中国特色社会主义思想为指导,牢固树立"生态保护第一、国家代表性、全民公益性"的国家公园理念,按照"国家公园的首要功能是重要自然生态系统的原真性、完整性保护,同时兼具科研、教育、体验等综合功能"定位,通过探索创新生态保护管理体制机制,实施大熊猫保护和栖息地修复,以及加强生物多样性保护等,构建社区可持续发展机制,实现生态保护和地方发展共赢。《总体规划》得到批复后,作为试点期间大熊猫国家公园建设管理的指导性文件,区域内其他各类规划应与《总体规划》充分衔接。要进一步编制生态保护、大熊猫种群保护、大熊猫栖息地保护修复、监测系统建设、社区发展转型、生态搬迁安置、工矿企业退出等专项实施方案，确保大熊猫国家公园试点规范有序推进[①]。

表 6-2　大熊猫国家公园建设主要事件

时间	事件
2016-04-08	中央经济体制和生态文明体制改革专项小组研究部署在四川、陕西、甘肃三省大熊猫主要栖息地整合设立国家公园
2016-08	四川、陕西、甘肃三省人民政府联合上报《大熊猫国家公园体制试点方案》
2016-12-05	中央全面深化改革领导小组第三十次会议审议通过《大熊猫国家公园体制试点方案》
2017-12-29	国家林业局印发《大熊猫国家公园体制试点实施方案》的函
2018-10-29	大熊猫国家公园管理局在四川成都成立
2019-01-25	大熊猫国家公园管理局在成都召开2019年大熊猫国家公园体制试点工作会议
2021-10-12	大熊猫国家公园被列入第一批国家公园名单

二、建设现状

（一）体制建设

大熊猫国家公园建立了"管理局—省级管理局—管理分局—保护站"四级管理组织体系。国家林业和草原管理局成都森林资源监察专员办公室加挂大熊猫国家公园管理局牌子，承担自然资源资产管理和土地、空间使用控制职责；制定统一的国家公园规划和生态保护标准；统筹资金安排，协调省际事务。四川省、陕西省和甘肃省林业部门分别加挂四川省、陕西省和甘肃省大熊猫国家公园管理局的牌子，接受大熊猫国家公园管理局的业务指导，并在省以下设立多个分支机构和管理办公室，实行垂直管理，主要负责生态恢复的实施、生产经营的退出和生态移民的搬迁。

---

① 国家林业和草原局.《大熊猫国家公园总体规划（征求意见稿）》[EB/OL].（2019-10-17）[2022-3-1]. https://www.doc88.com/p-7778755766264.html.

（二）法律法规建设

大熊猫国家公园为了更好地保护生物多样性，建立了相关法律法规体系，主要有《大熊猫国家公园体制试点方案》《大熊猫国家公园体制试点实施方案》《大熊猫国家公园确界定标管理办法（试行）》《大熊猫国家公园（四川）管理条例》《大熊猫国家公园野外巡护管理办法（试行）》《大熊猫国家公园（秦岭）原生态产品认定办法（试行）》《大熊猫国家公园重大事项报告制度（试行）》等。大熊猫国家公园各处经评估后划入核心保护区和一般控制区，其管控措施按照相关法律法规执行，或按照规划中更严格的保护标准执行，确保较高的保护强度。

（三）基础设施建设

《总体规划》中指明了建设重点工程，主要包括科研监测预警评估体系建设重点工程和管护基础设施建设重点工程（见表6-3）。在四川、陕西、甘肃建设科研基地和监测预警体系以完善设施设备、保障大熊猫野外研究，大熊猫国家公园依托数字国家公园建设工程打造综合管理信息系统，为生态保护提供数字化支持。

表 6-3 大熊猫国家公园建设重点工程

科研监测预警评估体系建设重点工程	科研基地建设工程：根据大熊猫野外研究的需要，依托现有自然保护区等建设野外研究基地，其中四川7~8处，陕西3~4处，甘肃1~2处，改善和提高野外研究工作条件和保障水平
	监测预警体系建设工程：在四川、陕西、甘肃三省，结合现有监测样地样线，科学确定监测和调查网络并布设监测样地样线。依托现有监测站点，完善气象、水文水质、环境质量、生物多样性、生态定位等监测预警站点，完善设施设备
管护基础设施建设重点工程	管护基础设施建设工程：完善管理局站基础设施、办公设施设备、通信设备及保障设备
	野外巡护装备建设工程：为管理局站购置巡护车、监测定位设备、巡护装备等，提升野外巡护能力
	道路基础设施建设工程：2020年前整合修缮国家公园内因灾害毁坏的巡护道路，并对国家公园内道路进行保养和维修，保持良好路况，提高抗灾能力；2025年前改建和维护交通干道、便道和巡护道500公里
	确标立界工程：设立界碑2000个，根据实际情况合理规划埋设界桩数量
	数字国家公园建设工程：实施综合管理、监测巡护和公共服务的数字化装备建设项目，开发建设大熊猫国家公园综合管理信息系统

第三节 管理体制机制

国家公园管理体制一直是我国国家公园体制试点的难点。大熊猫国家公园试点区南北长590公里，东西长583公里。试点区共有82处自然保护地，占总面积的78.7%。如何有效整合现有保护区资源，解决生态保护职责不清、多头管理等历史问题，是大熊猫国家公园试点体系亟待解决的重大问题[1]。国家公园研究院院长表示，国家公园体制试点要突出生态保护、统一规范管理、明晰资源权属，探索出符合中国特色的国家公园体制[2]。

一、中央和地方协同管理机制

大熊猫国家公园形成了政府主导、多方参与的中央和地方协同管理机制。大熊猫国家公园的国有资产所有权属于中央政府，大熊猫国家公园管理局承担公园内资源管理、土地空间用途管制的职责。在大熊猫国家公园管理局试点期间，国家林业和草原局以及三省协同管理大熊猫国家公园，研究解决重大问题。政府主导、多方参与的中央和地方协同管理机制使参与主体明确、责权清晰，有利于保障大熊猫国家公园的公益属性和服务功能。

构建了"管理局—省级管理局—管理分局—保护站"四级管理体系。大熊猫国家公园地理空间跨度较大，涉及多个省份以及各部门的协调关系，为了破解"九龙治水"的难题，一套行之有效的管理体系亟须建构。按照"既不与林草局现有职能重复又要满足大熊猫国家公园体制试点需求"的原则，构建了"管理局—省级管理局—管理分局—保护站"四级管理机构，形成了"1+3+14+147"的管理体系："1"指一个大熊猫国家公园管理局，"3"指四川省、陕西省、甘肃省三个省份的大熊猫国家公园省级管理局，"14+147"指14

---

[1] 《热带林业》编辑部.国家林业和草原局（国家公园管理局）副局长李春良指出：建立国家公园体制，有三个考虑[J].热带林业，2021，49（04）：2.

[2] 姚瑶.那一方山水 中国国家公园追求人与自然和谐共生[J].法人，2021（11）：42-47.

个管理分局和 147 个大熊猫保护站。经过职能整合和机构改革，大熊猫国家公园范围内的环保、国土、林业、资金、资产、人员等均交由大熊猫国家公园管理局统一直接管理[①]。

大熊猫国家公园管理局落实国家林业和草原局（国家公园管理局）"三定"规定，依托国家林业和草原局驻成都森林资源监督专员办事处，在四川省成都市组建大熊猫国家公园管理局。大熊猫国家公园管理局主要职责：拟订统一的国家公园规划、生态保护政策和标准；配合自然资源部开展确权登记；负责国家公园内重大项目的初步审批等工作。

大熊猫国家公园省级管理局在四川、陕西、甘肃三省林业和草原主管部门分别加挂"大熊猫国家公园四川省管理局""大熊猫国家公园陕西省管理局""大熊猫国家公园甘肃省管理局"牌子，与省级林业和草原部门实行合署办公。

大熊猫国家公园省级及分支管理机构的主要职责：承担大熊猫国家公园涉及本省区域的具体试点工作。实施生态保护修复；组织实施特许经营和社会参与；负责规定权限内的项目审批；协调地方政府落实国家公园核心保护区、一般控制区中实行生态修复的区域内的生产经营设施退出和生态移民搬迁工作。

二、资金机制：建立金融支撑体系，公园内实行特许经营

建立完善的金融支撑体系，设立大熊猫国家公园重点项目库。为了撬动更多社会资本投资绿色产业，有效防范金融风险，管理部门采取了以下措施：支持专业化绿色担保机制的发展；完善监管机制，防范金融风险；完善商业性金融支撑保障，依托综合化运营平台，通过 PPP 等方式参与融资；积极构建绿色金融体系，不断加大绿色信贷投放，推进绿色保险发展。

加强资金管理。国家公园实行收支两条线管理，各项政府非税收入上缴财政，各项支出由财政统筹安排，并负责统一接受社会捐赠资金。严格按照规范的程序和要求编报预决算，合法使用财政资金；保证专款专用。建立财务公开制度，对财政拨款和社会资金进行全程监督，对国家公园资金加强绩效评价管

[①] 孙继琼，王建英，封宇琴.大熊猫国家公园体制试点：成效、困境及对策建议[J].四川行政学院学报，2021（02）：88-95.

理,确保各类资金使用公开透明。

实行特许经营。大熊猫国家公园内的经营性活动实行特许经营机制,鼓励居民积极参与大熊猫国家公园的经营活动,支持居民经营家庭旅馆、农家乐、餐饮等,管理部门会优先考虑当地居民开办的企业,这项收入管理部门主要用于提高大熊猫国家公园的保护水平及改善当地民生[①]。

扩大生态补偿范围。在大熊猫国家公园内建立长效的生态补偿机制,如直接补助资金、培训居民技能帮助其就业、扶持居民产业转型等。此外,提高公益林的补偿标准,积极探索集体所有自然资源的有效使用方式[②]。

三、绿色可持续的经营利用机制

大熊猫国家公园管理局要求园内采用传统方式、绿色有机的生产方式进行资源利用,比如发展种植业、养殖业以及以采集竹笋为主的林产品采集业等。鼓励发展可持续产业,养种植业废弃物循环利用,推广大熊猫友好型产品,最大限度地降低人为活动对大熊猫栖息地的干扰。在国家公园一般控制区域内选择典型、有代表性的生态产业,开展蜜蜂养殖[③]、茶叶以及中药材和菌类种养业示范项目建设,发展一批示范村、示范户。支持社区居民以合作、投资入股等多种形式参与到大熊猫国家公园的建设发展中来,如开展特色农产品加工、生态体验、销售熊猫文化产品等绿色产业,会同当地政府整合园内生态产业资源,创建大熊猫国家公园生态品牌,通过联合营销,扩大品牌效应。国家公园管理局通过品牌授权的途径,实现对园区内生态产业从业者的有效管控和指导,提升生态产品品质和价值[④]。

试点以来,绿色可持续的经营利用机制成果颇丰。大熊猫国家公园积极推动居民转变原产业,灵活就业,原住民拥有特许经营的优先权,鼓励规范原住

---

① 国家林业和草原局.《大熊猫国家公园总体规划(征求意见稿)》[EB/OL].(2019-10-17)[2022-3-1]. https://www.doc88.com/p-7778755766264.html.

② 国家林业和草原局."关于做好大熊猫国家公园体制试点保护区内经济发展、群众民生保障的建议"复文(2019年第6291号)[EB/OL].(2019-11-08)[2021-05-12]. http://www.forestry.gov.cn/.

③ 宁智刚,单国玉,师杜鹃,等.新型生态反哺管护机制初探:以大熊猫国家公园长青管理分局"熊猫森林蜜"项目为例[J].陕西林业科技,2021(4).

④ 国家林业和草原局.《大熊猫国家公园总体规划(征求意见稿)》[EB/OL].(2019-10-17)[2022-3-1]. https://www.doc88.com/p-7778755766264.html.

民发展餐饮、住宿等服务业。整合设置生态护林员、巡山护林员等公益岗位3万余个，优先解决原住民就业。四川试点区域合理设置公益管护岗位，加大培训服务力度，推动居民转产就业，当地居民培训参与率达87.89%。广元市青川县落衣沟村积极设立公益性管护服务岗位，推动原住民向"天保巡护员"、"自然生态护林员"、"自然环境保洁员"和"社区共建共管员"转变。同时，依托天保工程、草原禁牧奖补等政策，农户生态补偿收入明显提高，部分家庭所获生态补偿达到家庭年收入的25%以上。

四、区域协调机制

大熊猫国家公园不仅涉及上下级的管理工作，也涉及与当地政府、不同省份之间的区域协调关系。大熊猫国家公园管理机构不仅需要与地方政府保持良好的关系，也需要加强与四川、陕西、甘肃三省人民政府和有关部门的积极沟通配合，做好试点期间大熊猫等野生动物栖息地恢复、特许经营管理、原住民生产生活方式转型等工作。同时，公园与国内外大专院校、科研院所合作，组建大熊猫国家公园专家组和专家智库，开展大熊猫等野生动物栖息地恢复、大熊猫生态廊道建设、典型植被生长适应性、水源涵养地水质影响因素等专项研究；与有关国家、国际组织和国内环保组织合作，开展野生动物保护、新型社区共管、针对访客做科普宣教等工作。

五、社区协调发展：园区居民、志愿者等多方参与

大熊猫国家公园对园区居民进行生态搬迁，并优先选聘其作为生态护林员。居住在大熊猫国家公园核心保护区的居民分批次迁出，以保证对核心保护区实行最严格的保护；一般控制区内的居民不要求全部迁出，只需要控制人口及生产规模即可。为了促进社区协调发展，大熊猫国家公园建立后向贫困人口、搬迁居民等提供生态管护公益岗位，并将居民的生态保护业绩与收入挂钩[1]，提高居民保护生态的积极性。

---

[1] 向可文.探索跨省域大熊猫国家公园管理体制和运行机制[J].绿色中国：B版，2020（8）.

志愿者服务机构研究制定《大熊猫国家公园志愿者服务管理办法》，明确志愿者服务具体内容、申请条件、权利义务关系，严格人员审核录用管理。依托全国志愿服务信息系统或大熊猫国家公园门户网站，做好志愿者自助信息注册、大熊猫志愿服务项目申请、志愿服务记录证明查询等管理服务工作。根据志愿者意愿、条件和志愿安排计划，有针对性地开展环境教育、生态保护、野外生存技能等方面的专业培训。建立大熊猫国家公园志愿者信息库，制定星级认证制度、评选表彰和奖章授予制度，根据志愿者参加志愿服务的时间、工作表现认定星级，并授予相应标志[1]。

设置社会公益岗位，加强社会参与。为保障大熊猫国家公园内社区有序运转，自然教育和生态体验活动正常开展，统一设置森林消防、社区消防、医疗、急救、社区治安协管、清洁、自然解说、体验向导等社会服务岗位，划片承担社区的消防、救护、环卫、体验服务等职责，由社区治理系统和大熊猫国家公园管理机构联合管理，鼓励当地社区、企业、学校和个人参与大熊猫国家公园的建设。

第四节　主要矛盾及改革对策

一、经济发展与生态保护的矛盾、较大跨度与统一协调的矛盾

经济发展与生态保护矛盾突出。试点区多处于偏远山区，当地居民生活与森林、动物息息相关，且当地基础设施落后，产业结构单一，以矿山开采、水力开发等资源消耗型产业为主。按照国家公园功能定位，这些不符合保护要求的产业都要逐步退出，社区居民割竹、打笋、采药、放牧等传统资源利用方式也受到限制[2]。

---

[1] 国家林业和草原局.《大熊猫国家公园总体规划（征求意见稿）》[EB/OL].（2019-10-17）[2022-3-1］.https://www.doc88.com/p-7778755766264.html.

[2] 国家林业和草原局.《大熊猫国家公园总体规划（征求意见稿）》[EB/OL].（2019-10-17）[2022-3-1］.https://www.doc88.com/p-7778755766264.html.

较大跨度与统一协调的矛盾。大熊猫国家公园具有"一最、二大、三多"的特点。"一最",即涉及省份最多,大熊猫国家公园是横跨三个及以上省份的试点区域。"二大",即海拔跨度大、整合难度大。试点区内海拔跨度近5000米,最高山体海拔5588米,最低山体海拔595米,是全球地形地貌最为复杂的地区之一,区内有各类自然保护地82个,分属于各级政府和各行业部门管理,整合难度大。"三多",即原住民多、矿点多、旅游经营机构多。试点区涉及3省12市(州)30个县(市、区)151个乡镇,南北跨度590公里,东西跨度583公里,管护难度极大[①]。

二、突出自然教育、生态体验功能

依托大熊猫国家公园开展自然教育。在不破坏大熊猫国家公园生态系统的前提下,以绿色低碳的理念开展自然教育活动,合理限制访客数量,加强对自然教育和生态体验的管理。自然教育与生态体验的活动内容主要包括自然课堂、在线自然教育、实地巡护体验。自然课堂是指依托大熊猫国家公园自然教育展示基地等针对居民、学生等不同群体制定不同的自然教育项目;在线教育则依托大熊猫国家公园天地空人一体化生态监测平台,获取远红外相机采集的影像数据,游客可以通过大熊猫国家公园的自媒体、直播、线上沙龙等方式参与在线自然教育,更直观地了解大熊猫国家公园保护和管理工作;实地巡护体验是在适当区域开展的,针对具有一定野外生存技能的访客,他们可以提前进行线上预约,之后在专业人员的带领下参与到巡护人员的工作日常中,巡护大熊猫的栖息环境,这种深度体验的方式更有利于激发访客的认同感,提高其保护自然的自觉性。

为了更好地开展自然教育,三省管理局建设了一定数量的自然教育设施,如自然教育解说中心和户外宣教展示点,依托现有自然教育解说设施维修改造自然教育解说中心20~30个,根据需要布设户外宣教展示点。开展户外实地观测,讲解和科普野生动植物及其栖息地知识,展示大熊猫野外调查研究成果,解读大熊猫野外生存奥秘。

---

① 国家林业和草原局.《大熊猫国家公园总体规划(征求意见稿)》[EB/OL].(2019-10-17)[2022-3-1]. https://www.doc88.com/p-7778755766264.html.

建设生态体验小区。大熊猫国家公园在一般控制区建设80~100个生态体验小区，生态体验小区之间通过周边道路网络系统连接，生态体验小区内以巡护道路串联各体验节点，形成"以点带线、以线带面"的布局。以内部节点服务体验行为，以道路网络指导体验路线，以小区划分严格控制活动范围，科学合理规划生态体验的空间结构和建设时序。其中，体验节点包括自然景观点、访客中心、服务站、驿站、自然教育基地等，是主要发挥生态休验服务功能的单元。体验线路是依托进入国家公园和贯穿各体验节点的道路网络形成的生态体验游线。根据各体验小区资源特点以及现有设施，串联各个自然景观点和服务点，形成80~100条主要生态体验线路。依托大熊猫国家公园内的自然资源，在最小限度地干扰生态系统的前提下，开展合理的生态体验项目（如表6-4所示），此外，针对不同群体设置差异化的体验项目。

表6-4 大熊猫国家公园生态体验项目一览表

项目类别	活动内容
自然体验	自然风光游赏、自然观察、自然教育等
康养体验	森林浴、森林漫步、森林瑜伽、温泉等
户外运动体验	徒步、登山、野营、骑行等
社区风情体验	田园观光、农事体验、地方风俗体验、草原风情体验等
历史文化体验	文化探秘、历史寻踪等
探险体验	攀岩等
科普考察	珍稀动物展示活动、科学研究等

三、生态保护优先

建立大熊猫生态廊道。由于人类干扰和地震等自然灾害的影响，大熊猫栖息地被分成多个板块，多个种群之间的交流受到阻碍，因此，为了缓解这一问题，大熊猫国家公园将建立大熊猫生态廊道，采取近自然的工程措施，建设黄土梁、小河、土地岭、二郎山、泥巴山、拖乌山、350国道、太白河、大树坪、二郎坝、108国道隧道、两河、余家河、大团鱼河等栖息地连通廊道和走廊带，增强栖息地的协调性和完整性，实现隔离种群之间的基因交流，从根本上降低局域小种群的灭绝风险。

大熊猫国家公园凸显"伞护"效应。大熊猫国家公园不仅保护大熊猫也保护园内其他生物，保护生物多样性，维持生态系统稳定。四川省在保护生物多样性方面取得了一定成果。四川雅安积极建设大熊猫野外放归基地，发展自然生态教育，促进资源转化的发展，为"国宝"提供更高层次的保障，把大熊猫的栖息地变成了生态天堂。在宝兴县，建立起全国首个绿尾虹雉保护研究中心，成熟的繁育技术体系使种群数量得到了保证；大熊猫"伞护"下的川金丝猴、雪豹、羚牛等国家保护动物和各种鸟类、小型兽类、两栖爬行类、昆虫等动物都得到了有效保护，可见，大熊猫的"伞护"效应使园内动植物及整个生态系统都得到了良好的保护。

四、建立监测评估预警体系

为了更好地保护大熊猫，制定大熊猫国家公园科学研究规划，保护园内生态多样性，及时地掌握园内动植物的动态信息，大熊猫国家公园建立了监测评估预警体系，长期有效实时开展监测、评估和预警。监测评估预警体系主要由监测指标体系、评估预警体系和"天空地人一体化"监测系统组成[①]，如图6-1所示。

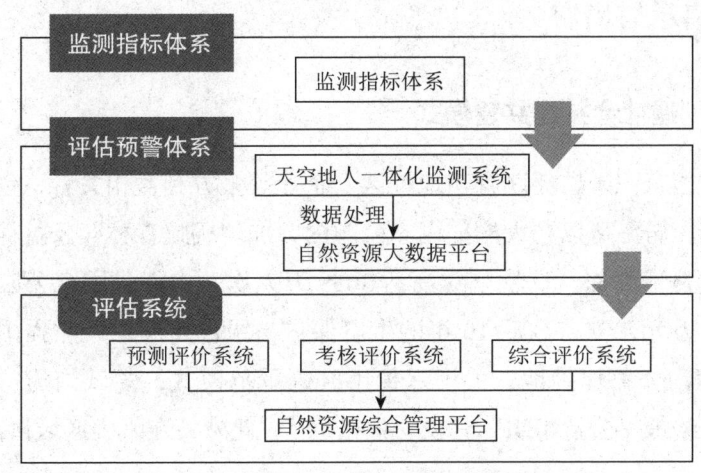

图6-1 大熊猫国家公园监测评估预警体系

---

① 国家林业和草原局.《大熊猫国家公园总体规划（征求意见稿）》[EB/OL].（2019-10-17）[2022-3-1］. https://www.doc88.com/p-7778755766264.html.

监测指标体系主要是对大熊猫种群、其他野生动物等动物资源，大气、水流等气象变化，自然干扰、生物入侵等生态系统的监测。评估预警体系制定大熊猫国家公园评估指标体系和技术方案，全面掌握评价保护管理能力和成效，形成年度评价报告。通过对动态监测数据进行处理、加工和分析，建立监测数据处理分析系统，实现自然灾害和突发事件主动预警，及时发布预警信息。

"天空地人一体化"监测系统充分应用区域测绘地理信息时空大数据和云平台等技术，建立智能化、可视化、"天空地人一体化"全天候快速响应的监测体系。依靠科技创新与技术进步，加强低成本、低功耗、高精度、高可靠的智能化传感设备和遥感技术在国家公园管理中的集成应用。提高多源协同遥感工作能力，并充分运用无人机、直升机、红外相机、振动光纤等技术手段。建设自然与人文资源、生物多样性、社区发展、国家公园管理等一套数据库，扩展统计分析、信息展示、决策支持等多个子平台应用。依托大熊猫调查路线的设置，科学加密增设监测样线，形成网状系统的全覆盖。整合现有自然保护地及周边监测设施设备，按照"缺什么、补什么"的原则，增密野生动物影像监控、防火视频监控、野生动物入侵报警、道路卡口视频监控系统、智能巡护终端、生态因子监测站等。

五、启示与借鉴

（一）创建社会共建共管模式[①]

大熊猫国家公园广泛联合当地社区、企业等多方利益相关者，创建社会共建共管模式。居民可以在大熊猫国家公园内参加"蚂蚁森林"公益保护地试点活动，居民热情高涨，认领公众高达3059万人次，大熊猫国家公园获得社会资金440余万元，支持今后10年的生态保护与绿色发展；大熊猫国家公园成功建立老河沟公益保护地、关坝保护小区等示范模式，尝试构建"公园管理机构—村级组织—公益组织"三位一体格局[②]。此外，在岷山区域试点，四川、

---

① 李晟，冯杰，李彬彬，等.大熊猫国家公园体制试点的经验与挑战[J].生物多样性，2021，29（03）：307-311.
② 臧振华，张多，王楠，等.中国首批国家公园体制试点的经验与成效、问题与建议[J].生态学报，2020（24）.

甘肃两省打破行政区域限制，将区内9个以社会组织、社区等为主体的自然保护地囊括进大熊猫国家公园，共建共管。大熊猫国家公园的社会共建共管模式充分调动了各地的积极性，为其他国家公园试点提供了宝贵的经验。

（二）建立系统的监测体系

生物多样性的监测对国家公园保护具有重要意义[1]。大熊猫国家公园在试点建设之前经过历次全国大熊猫调查，已经建立起比较成熟的动物监测体系，这里也是我国最早开展大规模野生动物红外相机监测的地区。在开展大熊猫国家公园试点期间，已经建立起标准化的红外相机监测网络[2]，以大熊猫保护区公里网格监测规程为核心的监测方案经整理、完善后，以行业地方标准的形式正式发布，即《四川省地方标准：野生动物红外相机监测技术规程》（DB51/T2287—2016），为国家公园标准化野生动物监测体系的构建奠定了基础。此外，针对自然灾害、日常巡护等，大熊猫国家公园建设了"天空地人一体化"监测系统，为园内生物保驾护航，对生物多样性的保护具有重要意义。

---

[1] 米湘成.生物多样性监测与研究是国家公园保护的基础[J].生物多样性，2019（1）.
[2] 李晟.中国野生动物红外相机监测网络建设进展与展望[J].生物多样性，2020（9）.

第七章 东北虎豹国家公园

第一节　东北虎豹国家公园概况

一、东北虎豹国家公园缘起

虎啸山河动，雄风撼九州。自古以来，虎被视为森林之王，万兽之尊，而豹亦被视作凶猛的野兽，身轻如燕，踏水而行。虎和豹一直是凶猛、威武、勇敢的象征，在中华民族源远流长的历史文化中占据着重要地位。然而随着生态环境变化以及人类社会的发展，植被遭到破坏，森林消失，采伐过度，无节制猎杀……虎豹栖息地逐渐减少，生态系统质量大幅降低，世界野生虎豹也濒临灭绝。

20世纪50年代，被称为"虎中之王"的野生东北虎在东北逐渐消失，外界关于"野生东北虎将在中国绝迹"的预言甚嚣尘上。为保护野生东北虎豹种群繁衍生息，维护生态多样性，我国一直采取多种措施，付出巨大努力。

1998年后，中国陆续实施了天然林保护等重大林业工程，严格控制林业砍伐数量，大幅度减少东北重点国有林区的木材产量，森林资源得以休养生息，生态多样性逐步恢复。

2001年，我国第一个以国际濒危物种、国家一级重点保护动物东北虎豹及栖息地为主要保护对象的自然保护区吉林珲春自然保护区成立，其为活动在中国、俄罗斯和朝鲜三国边界区域的东北虎豹等野生动物建立了"虎豹之家"。

2014年起，东北重点国有林区相继停止天然林商业性采伐，政府鼓励以伐木、狩猎为生的人员转型为护林员、巡护员，力争杜绝过度砍伐、过度狩猎的现象。

2015年6月，东北虎豹的保护迎来了关键契机。北京师范大学虎豹研究团队历经十年，将十年来对中国虎豹的研究成果汇编成《关于实施"中国野生东北虎和东北豹恢复和保护重大生态工程"的建议》，建议中央将东北虎豹保护列入国家战略中。针对这一建议，习近平总书记做出重要批示，推动建立"东北虎豹国家公园"。

2016年4月8日,中央财经领导小组办公室召开会议,规划部署:以吉林省为主、黑龙江省配合,开展东北虎豹国家公园体制试点工作。同年12月5日,中央深化改革领导小组审议通过《东北虎豹国家公园体制试点方案》。

2017年8月,中央政府在吉林、黑龙江两省交界区域建立了东北虎豹国家公园体制试点区。作为东北虎、东北豹历史天然分布区和最大野生种群分布区,东北虎豹国家公园试点建设肩负着保护野生东北虎、东北豹种群,维护区域生态系统,实现区域和谐发展的使命。这是我国第一个由中央直接管理的国家公园,也是中国目前唯一一个与邻国接壤的国家公园。

2017年9月,虎豹局会同吉林、黑龙江两省政府在相关林业局挂牌成立十个分局,构建了两级垂直管理机制。

2018年3月9日,国家林业和草原局发布《东北虎豹国家公园总体规划》(征求意见稿),对东北虎豹国家公园的规划范围和规划目标、功能分区和管控措施、栖息地修复等诸多方面进行了总体说明。

2018年8月和11月,黑龙江省和吉林省两省将东北虎豹国家公园建设发展所涉及的包括国土、森工、林业等相关部门的有关职责划转移交给虎豹局统一行使。虎豹局草拟了一系列管理办法以及管护制度,大力开展打击乱砍滥猎、全面清理历史遗留违规建设项目、森林防火巡护督查等专项行动。

国家林业和草原局依托北京师范大学成立东北虎豹监测与研究中心,利用先进地理信息技术和人工智能等现代信息技术,构建一张全域覆盖、实时高效的天地空一体化监测体系,并于2019年12月在东北虎豹国家公园5000平方公里虎豹密集活动区域完成了中试建设[①]。

目前,东北虎豹国家公园体制试点取得实效,基本完成首年试点目标。试点以来,试点区野生东北虎豹种群稳定、活动范围不断扩大,每年都能发现新生虎豹幼崽踪迹,同时,公园内的河流湖泊、森林草地逐步恢复生态联系,给予了野生动植物稳定的栖息环境,生态系统逐步回归自然完整状态。

---

① 东北虎豹国家公园 给虎豹一个自由的家[J].绿色中国,2020(16):14-17.

二、东北虎豹国家公园概况

（一）地理位置

东北虎豹国家公园地处我国吉林、黑龙江两省交界的老爷岭南部区域，地理坐标为北纬42°31′06″—44°14′49″，东经129°5′0″—131°18′48″，总面积为149.26万公顷。其行政区划涉及吉林省珲春、汪清、图们和黑龙江省东宁、穆棱、宁安6个县（市）、17个乡镇、105个行政村，主体包括长白山森工集团汪清、珲春、天桥岭、大兴沟和龙江森工集团绥阳、穆棱、东京城7个森工林业局（以下简称森工局）所管辖的65个国有林场（所），以及汪清县、东宁市2个县市所管辖的12个地方国有林场。此外，还有吉林汪清县的3个国有农场。虎豹公园东部、东南部与俄罗斯滨海边疆区的豹地国家公园接壤，西南部隔图们江与朝鲜相邻，是中俄朝三国交界的连接地带，是目前唯一与国外毗邻的国家公园，也是中国境内唯一具有野生虎豹繁殖家族的地区，同时也是中国生态系统生物链最完整的地区之一。

（二）自然条件

1. 气候条件

东北虎豹国家公园地处大陆湿润性季风气候区，是亚洲温带针阔叶林混交林中心地带。这里气候四季分明，差异明显，春季多风干旱，夏季炎热多雨，秋季降温迅速，冬季漫长严寒，一年可分为生长季和非生长季两个季节，5~10月气候适宜，降雨量大，是东北虎豹国家公园生物生长季，而11月至次年4月气温严寒降水较少，不适宜生物生长所需，因此划归非生长季。同时公园内山脉纵横、山峦起伏，由于地形复杂多样而形成多种复杂的小气候。全年气温变化较大，平均气温5℃，极端最低气温可达零下44.1℃。年降水量变化在450~750毫米，降水主要集中在夏季（5~9月）。

2. 地形地貌

东北虎豹国家公园位于长白山支脉老爷岭南部，以山谷和丘陵地貌为主，盆地、平原、台地等均有分布，地貌类型复杂多样。东北虎豹喜在海拔

500~1200米处栖息，东北虎豹国家公园中低山脉多，整体海拔在1500米以下，大部分山体海拔在1000米以下，相对高度多为200~600米，中间低四周高，南部、北部为山谷和低山地，地势从虎豹公园中部向四周逐渐降低。同时由于公园内水系众多，受珲春河等上游水系影响深切，熔岩峡谷较多。

3. 水文条件

东北虎豹国家公园内水系发达，河网密布，具有较为丰沛的水资源。由于地势相对较高，东北虎豹国家公园内所有河流均为水系支流的源头，分属图们江、绥芬河、乌苏里江和牡丹江4大水系，无过境河流。东北虎豹国家公园沼泽湿地广、水草茂盛，是大马哈鱼等野生鱼类重要洄游水道以及栖息之地，也是白头鹤、丹顶鹤等珍稀野生水鸟驻留栖息的福地。利用地势落差，公园内众多山谷处建有中小型水库，发挥提供生活用水、生活用电、抵御洪灾等功能。

4. 主要景点

截至目前，东北虎豹国家公园境内主要整合了19个自然保护地类型的景点，包括全国首个以东北虎为主要保护物种的保护区——珲春东北虎国家级自然保护区和汪清、黄泥河、雁鸣湖、威虎岭、天桥岭等11个国家级和省级自然保护区和吉林兰家大峡谷、镜泊湖等5个森林公园，以及吉林汪清嘎呀河国家湿地公园，黑龙江省东宁洞庭峡谷地质公园，珲春河大马哈鱼国家级水产种质资源保护区。

（三）野生动植物资源

东北虎豹国家公园位于亚洲东北部的温带针阔叶混交林的中心地带，这片温带森林，植被多样，树种丰富，是全球东北虎和东北豹的主要栖息地。据统计，东北虎豹国家公园内保存的温带森林植物物种高达数千种，这里是东北红豆杉的"驻扎地"，也是红松、钻天柳、蒙古栎等珍贵乔木的"故乡"，亦是一些珍稀濒危的国家重点保护名录物种的天然温室。高大红松屹立林海，千年东北红豆杉身藏林间，富饶的温带森林生态系统给予虎豹国家公园最坚实的港湾，孕育和庇护着生于斯长于斯的珍贵野生精灵们。

东北虎豹国家公园位于长白山生物多样性保护优先区域，属于全球生物多样性最高的北半球原始温带森林之内，是东北虎豹等野生动物栖息繁衍福地。在东北虎豹国家公园中，有着由大型到中小型兽类构成的完整食物链。除却东北虎、东北豹这两个重点保护"大明星"之外，亚洲黑熊、棕熊、欧亚猞猁、原麝、紫貂、水獭、斑羚、梅花鹿等众多珍稀濒危物种都在此繁衍生息并呈现数量增长态势。在东北虎豹国家公园中还记录到我国国家二级重点保护动物——獐的活动身影。

公园肥沃的土壤和茂密的森林也为两栖类和爬行类动物提供了良好的生存环境，两栖动物有中国林蛙、东方铃蟾、粗皮蛙、花背蟾蜍、极北小鲵等，爬行动物有棕黑锦蛇、红点锦蛇、白条锦蛇、虎斑游蛇、东亚腹链蛇、乌苏里蝮蛇、黑眉蝮等①。除此之外，由于东北虎豹国家公园濒临日本海，在海洋气候条件影响下水源充沛，使得公园内众多湖泊河流中养育了丰富的鱼类资源，除大马哈鱼、雅罗鱼、哲罗鱼之外，还生长着一种名叫花羔红点鲑的中小型冷水稀有鱼类，是世界上最著名的鲑鱼之一。

第二节　东北虎豹国家公园开发与管理

一、基本原则

（一）保护第一，世代传承

自古以来，中国便推崇"道法自然"，即追求大自然与人类和谐共生。保护第一最重要的就是尊重自然，顺应自然，保持原真性，尽量减少人为干扰因素，这样才能够世代传承永续发展，给子子孙孙留下最宝贵的自然财富。中国在东北虎豹主要栖息地开展东北虎豹国家公园体制建设试点，其主要目的就是为促进东北虎豹等珍稀物种保护，以此推动人与自然和谐共生，把生态保护放

---

① 吴林锡，陈建伟，谷宝臣，陈化鑫.东北虎豹国家公园与邻国接壤的虎豹之家［J］.森林与人类，2021（11）：80-97.

到首位。

(二) 统筹规划，分步实施

东北虎豹国家公园占地面积广，横跨省份多，同时虎豹等野生动物跨中俄边境活动，需联合俄罗斯以及一些世界组织通力合作。因此，东北虎豹国家公园的建设是一项浩大的工程，治理、用地、监督、执法等工作需要统一规划，协调布局，再一步一个脚印稳扎稳打确保各项工作任务有序推进。

(三) 分级管控，和谐发展

东北虎豹国家公园的保护目标不仅在于保护东北虎、东北豹等野生动物的稳定栖息所，同时也要保护公园内居民生活安全，实现人和虎两方面的"安全"。因此需要在尽可能减少人为干预的同时最大限度降低可能存在的安全风险，实行差别化保护和管控机制，妥善处理东北虎豹栖息地保护与原住居民生产生活关系，实现人与自然和谐共生、共同发展。

(四) 政府主导，多方参与

东北虎豹国家公园是属于我国中央直管的国家公园，其公园内自然资源资产所有权由中央政府直接行使，但国家公园作为一种惠益社区、全民共享的社会福利设施，需要地方政府、社会公众的参与。探索出以政府投入为主，秉承开放共享理念，共建共管的新模式，这是由中国国情和发展特点所决定的具有中国特色的原则。

(五) 创新机制，引领改革

根据现有管理体制来说，物权并不统一，而对于东北虎豹国家公园而言，其包括整个中国境内温带针阔叶混交林区，涉及跨国跨省合作问题，因此需要探索建立跨地区跨部门统一管理体制机制，健全和创新国家自然资源资产管理体制。

二、规划目标

（一）扩大东北虎豹定居种群以及保持生态系统完整

国家近年来一直高度重视生态文明建设，习近平主席的"两山论"更是高度重视中国生态文明建设、可持续发展。建设东北虎豹国家公园，有效保护我国的东北虎豹野生种群等珍稀动植物资源，使其稳定繁衍，持续生存，努力将东北虎豹国家公园打造成中国生态文明建设的名片。

（二）创新自然资源资产管理体制

完成国有自然资源资产和虎豹公园管理机构及管理机构体系设立，建立跨区域跨部门的统一、垂直管理体制，实现中央政府统一行使所有权，形成精干有效的管理队伍。形成归属清晰、权责明确、监管有效的国家自然资源资产管理模式，成为国有自然资源资产管理体制创新区，为全国自然资源资产管理体制改革提供可复制可推广的经验。

（三）形成生态友好型社区生产生活模式

生态文明建设最终目的就是实现人与自然和谐共处，在东北虎豹国家公园，人类活动范围与东北虎豹栖息活动轨迹高度重合，对东北虎豹等野生动物栖息繁衍带来了直接的威胁。形成生态友好型社区生产生活模式，带动居民转产转业，减少虎豹国家公园内居住人口，降低人为干扰，将之建设成为绿色发展、社会进步的生态文明建设综合功能区。

三、保护措施

（一）分区差别化管控

在坚持维护生态系统完整性和原真性以及保护发展协调性原则的基础上，统筹考虑虎豹栖息环境需求、管理目标及资源禀赋条件，将东北虎豹国家公园划分为核心保护区、特别保护区、恢复扩散区和镇域安全保障区4个功能区，进行分区差别化管控（见表7-1）。

表 7-1 东北虎豹国家公园功能区划情况[①]

区划	范围		人口	
	面积（公顷）	总占比（%）	数量（人）	总占比（%）
核心保护区	627 605	42.05	11 163	12.27
特别保护区	91 810	6.15	1394	1.53
恢复扩散区	701 622	47.01	16 687	18.34
镇域安全保障区（固定）	40 416	2.71	45 903	50.46
镇域安全保障区（临时）	31 147	2.08	15 824	17.40
总计	1 492 600	100	90 971	100

（来源：国家林业局）

（二）建立健全国家自然资源资产管理体制

通过对自然资源资产进行综合调查并对国有自然资源的所有权统一进行确权登记来落实所有权人后，设立国有自然资源资产管理局和区域国有自然资源资产管理局，将东北虎豹国家公园范围内吉林省、黑龙江省两省各级国土、水利、林业、森工、农业、畜牧等部门的全民所有自然资源资产所有者权利和职责单独分离，由国有自然资源资产管理局统一集中行使，并直接管理区域国有自然资源资产管理局，构建统一、垂直的国有自然资源资产新型管理体制。

（三）跨国境合作，引领国际参与

东北虎豹国家公园与俄罗斯豹地国家公园从建园以来一直密切交流，筑牢合作。目前双方共同开展东北虎豹种群及栖息地跨国生态廊道研究与建设，共同建立跨境监测网络，实现双边合作联合保护。同时，东北虎豹国家公园积极参与国际保护地联盟组织活动，引领国际性东北虎豹保护计划。

---

① 国家林业局.东北虎豹国家公园总体规划（2017—2025年）（征求意见稿）[EB/OL].（2018-03-09）[2022-3-1]. http://www.forestry.gov.cn/main/153/20180309/0000461.html.2018.03.09.

（四）东北虎豹保护及栖息地修复

在保护东北虎豹种群方面，主要从建设生态廊道以及保持"荒野性"[①]角度出发，在遵循东北虎、东北豹的生存繁衍习性下疏通连接，解决由于人为原因造成的东北虎豹栖息地隔断、碎片化问题，实现连片贯通。而栖息地的修复，主要以自然修复为主，辅以退耕还湿、退牧还草、野外巡护等措施，减少人为干扰，恢复自然生态环境。

（五）建立天地空一体化监测平台

目前，东北虎豹国家公园拟建成天地空一体化监测平台，对各类自然资源与生态开展实时监测，力图实现大范围全覆盖的智能化自然资源监测、评估和管理体系。天地空一体化监测平台整合研发了人工智能、大数据、新型实时传输监测终端、云计算等一系列现代信息技术，对东北虎豹国家公园的自然生态系统和人类活动进行实时监测[②]，这将提高国家公园保护和管理的科学度和精准度，使国家公园建设迈向智慧化。

（六）挖掘新闻"富矿"，利用新媒体引发虎豹关注热潮

要想引起社会公众对东北虎豹的保护意识和关注度，光用干巴巴的言语喊口号有时反而会起到适得其反的效果。现如今，微博、短视频平台俨然成为青年人的聚集地，东北虎豹国家公园联同中央广播电视总台财经节目中心走进大山深处，通过直播的方式展现一个别样的虎豹家园，并发布各种"精彩瞬间"，吸引青年人眼球，使青年人在"猎奇""观赏"的同时主动加入到保护野生动植物行动行列，自觉投入中国生态文明建设队伍。

---

① 王宏新，邵俊霖，于姝婷，等.基于再野化理论的东北虎豹国家公园发展前瞻：兼评荒野保护思想与实践［J］.自然资源学报，2021，36（11）：2955-2965.
② 虎三.天地空一体化监测东北虎豹［J］.绿色中国，2020（02）：64-65.

第三节 东北虎豹国家公园建设成效与成果

一、试点建设初步成效

（一）以虎豹为代表的野生动物种群繁殖喜人

自东北虎豹国家公园试点建设以来，试点区内生态系统在有序保护、自然修复、综合治理下呈现恢复向好趋势，野生动物种群数量和种类不断攀升。监测数据显示，东北虎豹国家公园试点期间，森林蓄积量增长5.2%，有蹄类种群数量明显恢复，梅花鹿相对丰富度指数增长3.5倍，野猪增长近2倍，狍增长1倍以上，东北虎豹国家公园内的野生东北虎、东北豹数量已由2017年试点之初的27只和42只分别增长至50只和60只，监测到新繁殖幼虎10只以上、幼豹7只以上，幼崽存活率从三成左右提升到五成[①]。

（二）联合新闻媒体，宣传成效明显

通过与中央各大媒体联手开展宣传活动，东北虎豹国家公园目前已制作发布3000余条东北虎、东北豹相关专题信息、邀请制作10余期专题节目并拍摄了多部虎豹国家公园宣传片。目前，东北虎豹国家公园官方微信公众号和官方网站已搭建完毕，并创办专刊，在时报开辟宣传专栏，《野生东北虎凑近舔屏》《东北虎豹国家公园公布罕见白狍视频》等一系列短视频点击率火爆，转载量惊人，让东北虎豹国家公园跃入大众视野，"生态遗产"深入人心，赢得良好口碑声誉。

（三）天地空一体化监测系统全覆盖

由北京师范大学主持研发的"东北虎豹国家公园天地空一体化监测平台"

---

① 邵美琦，高楠.东北虎豹国家公园内野生东北虎数量增至50只［EB/OL］.（2021-10-12）［2022-3-1］. http://www.news.cn/politics/2021/10/12/c_1127950280.htm.

通过安装近两万台无线红外相机等野外监测终端，成功实现对东北虎豹国家公园的全覆盖监测。截至 2021 年 9 月，监测系统共实时传输和识别超过 2 万次东北虎、东北豹以及 800 多万次其他野生动物和人类活动监测影像。这为国家生态文明建设提供智力支持，为全国范围内的国家公园和自然保护地智慧化建设提供样板。

二、国际合作成果

（一）中俄虎豹跨境保护，探索出新型协作保护体制和模式

东北虎豹国家公园是我国唯一与其他国家的公园接壤的国家公园，其重点保护的东北虎、东北豹多数活动于中俄边境线内。面对如此"难题"，2019 年东北虎豹国家公园管理局在经国家林业和草原局批准同意后特邀俄罗斯豹地国家公园管理局来华访问，在首次会面中双方就东北虎豹保护问题达成合作，签订了《关于虎豹保护合作的谅解备忘录》《三年联合行动计划》，正式建立虎豹跨国界保护的战略合作伙伴关系。双方开始联合开展巡护和东北虎豹监测，共同开展东北虎豹迁移生态廊道建设，保障东北虎豹在中俄边界实现自由迁徙，树立了野生动物保护国际合作的"国家公园典范"。

（二）与国内国际组织合作，国际影响力提高

东北虎豹国家公园与国内及驻华的 WWF、WCS、NRDC 等国际组织保持着紧密的联系，从生态廊道建设、管理人员培训、公众参与和环境教育、生物多样性保护、志愿者环保公益活动[①]等多方面进行合作交流；还与中国绿化基金会建立友好合作关系，在生态保护方面一同展开"与虎豹同行"的活动。这一系列合作举措，使中国在国际野生动物保护领域的身影出现得更加频繁，提高了中国在国际野生动物保护领域的影响力。

---

① 卢燕. 东北虎豹国家公园——跨境合作保护的典范［J］. 绿色中国，2021（20）：30-37.

第四节　总结

　　万物关联，和合共生。自 20 世纪六七十年代以来，东北虎、东北豹开始慢慢难觅踪迹，就连在曾经虎啸豹吟，东北虎豹身影司空见惯的长白山区，虎豹也开始经年了无踪迹。在 20 世纪 90 年代前后，我国曾一度宣布东北虎在野外已经灭绝。然而现在，东北虎、东北豹以霸气的姿态、闲散的步调再次重回我们的视野。东北虎豹国家公园的建设和发展使得虎啸山林、豹跃青山的这一画面成为可能。这源于多方面的共同努力：中央推行生态文明建设战略，统筹全局协调指挥，吉林、黑龙江两省跨省通力合作，东北虎豹局及相关专业人士不遗余力地促进国际合作，加快智能化数字化生态系统监测修复，社会公众对野生动物保护的意识和参与度也逐渐提高。

　　东北虎是世界共有的财富，让濒危野生动物持续繁衍生息，保持生态物种多样性，维持生态系统完整性，才是建设东北虎豹国家公园的初衷，秉此初衷，东北虎豹局走在跨省跨国界合作的第一线，终于让这些一度罕见甚至了无踪迹的动物频频现身，为大家带来一个又一个意外之喜，展现出喜人的成绩。

　　这里将是东北虎豹最安稳、最幸福的家园。缓缓流水深深林海间，在东北虎豹国家公园这片散发勃勃生机的沃土上，一幅美丽和谐的自然画卷正在徐徐展开。随着国家自然资源资产管理体制的健全，跨境自然保护地网络建设的协同推进，东北虎豹国家公园将成为更加完善的跨境系统保护经典范例。

　　心有猛虎，静候其归。让我们为东北虎豹国家公园的生态保护点赞，静候"众山皆有虎"的那一天。

第八章 海南热带雨林国家公园

第一节 海南和热带雨林国家公园概况

一、海南——成功蜕变的蛮荒之岛

在历史发展的进程里,海南曾是一个统治者无暇顾及、漂浮海外的蛮荒之岛。据考古学家考证,海南土著民族黎族是从原来的两广地区,尤其是雷州半岛迁移来的。古时候,由于地理位置、交通工具和经济水平等因素,导致难以对海南岛进行大型的开发和利用,因而海南岛相对保持在一种原始状态。直到汉朝,海南岛开始被用作收押流放之人的大型监狱,当时被人们称作"化外之地"。宋朝时期,特别是宋真宗年间,海南岛迎来了一个重大转折,朝廷开始重视对海南岛的开发与管理,为海南岛送去福建的占城稻,为海南的子民兴办学堂等。

海南岛经过千百年的自然演变,形成了以热带原始雨林为核心的生态系统,这是我国乃至全世界弥足珍贵的自然遗产,是世界上目前公认的四大热带雨林区域中最自然最原始的热带雨林区[①]。海南岛虽仅占极小的一片面积,却集中了全球50%以上的物种,为世界生物多样性做出了巨大贡献,极具科学研究价值。同时,海南岛水、热和光资源丰富,为动植物资源的孕育和繁衍提供了极佳的生长条件。珍奇罕有的自然遗产和原始完整的生态环境为海南岛创建国家公园提供了重要支撑。

二、海南热带雨林国家公园

海南热带雨林国家公园地处海南岛中南部五指山脉及周边山区,距琼中少数民族黎族苗族自治县营根镇东南处7公里,是中国国家4A级景区,也是我国第一批国家公园之一。该国家公园以独特的热带雨林气候为核心,形成了各种自然遗产和文化遗产,孕育并保护着各类珍稀和濒临灭绝的动植物资源,为

---

① 陈为毅. 以国家公园的理念建设海南国际旅游岛 [J]. 特区经济, 2010 (10): 139-141.

中国乃至全世界保护热带雨林地区生物多样性创造了条件和环境。

（一）自然遗产

自然遗产是大自然给予人类的馈赠，它来之不易，也极其脆弱。经过数千年的精心淬炼，海南热带雨林国家公园逐渐形成独特且丰富的生态系统，主要有被热带雨林、热带季雨林和热带针叶林等植被覆盖的森林生态系统，由河流、湖泊、沼泽和人工湿地构成的湿地生态系统，以及大部分为次生性的以禾草植物为主的草地生态系统。其中，森林生态系统中热带雨林占比最大，极具研究和保护价值。

在中国，海南热带雨林主要指龙脑香林和山地雨林，热带季雨林主要指干旱性森林。从名称上看，热带雨林是指潮湿赤道热带地区的森林，但现实中热带地区并不全是潮湿地区，在季节性干旱和半干旱热带森林地区，同样也呈现出雨林的特征，因此从广义上来看，它们均属于雨林的范畴。在海南热带雨林国家公园，集中了全球50%以上的物种，生长着世界上80%以上的昆虫、90%以上的灵长动物。海南长臂猿、坡鹿等动物已是世间的无价之宝，珊瑚礁、红树林等植物也已是珍贵的保护对象。海南热带雨林区的价值是不可言喻的，是我国乃至全人类最为珍贵、最具研究和保护价值的自然遗产之一。

人类的发展往往是从森林砍伐开始，在某种程度上森林可以称得上是人类进步的摇篮，是古代原始农业发展的基础，海南雨林的变迁自然也与海南土地的规划与开发有着密切联系。依据相关学者的研究和历史资料，海南岛热带雨林的变化历程大概可以划分为以下六个阶段（详见表8-1）。

表8-1　海南岛雨林变迁的六个阶段

阶段	时期	变化
阶段一	汉唐时期	热带雨林开始从沿海地区缩减后退至内陆地区
阶段二	宋元时期	对雨林的破坏从沿海扩散到山区，雨林连续分布被阻断
阶段三	明清时期	对雨林的破坏继续加强和深入，中部山区雨林破坏较大
阶段四	日本侵略海南岛时期	热带雨林资源遭受重创，雨林覆盖区域急速减少
阶段五	新中国成立至"文革"时期	国家建设发展需求致使雨林遭受全域性打击
阶段六	改革开放时期	热带雨林停止退散，进入全面保护和恢复状态

(二)文化遗产

海南热带雨林国家公园周围是部分少数民族黎族和苗族世代居住的场所，蕴含着浓郁的民族色彩和厚重的特色文化。在历史发展的长河中，海南为人类创造和遗留了众多值得纪念和观摩的古迹遗址。同时，在生产生活方面，生活在这片土地上的人们逐渐形成了独有的民俗风情，打造出一批独具特色的文化遗产（详见表8-2）。这些独特的民族风情、民族技艺和民族建设等物质及非物质文化遗产，无不展示着当地少数民族的聪慧才智，为人们提供了珍贵的精神财富。

表 8-2 海南热带雨林国家公园部分文化遗产

遗产类型	遗产名称
古迹遗址	昌江皇帝洞遗址、白沙阜龙新村遗址、白沙印妹岭遗址等
民族工艺	黎族织锦、黎族服饰、黎族原始制陶技艺、苗族蜡染等
民族风俗	纹身绣面、图腾崇拜等
民族民居	黎族船型屋、隆闺等
民族神话	黎族民间故事、海螺姑娘传说等
民间节庆	山兰节、红叶节、三月三等

第二节 海南热带雨林国家公园发展规划

海南热带雨林国家公园自 2019 年 1 月 23 日通过《海南热带雨林国家公园体制试点方案》，28 日正式成为国家公园试点项目。2021 年 9 月 30 日，海南热带雨林国家公园正式设立，结束了试点阶段，又于同年 10 月 12 日入选第一批国家公园，是第一批国家公园中唯一一个岛屿型热带雨林国家公园。公园设立后，已初步形成生态系统整体保护体系，有序开展生态移民、核心区水电退出和生态廊道建设等工作①，创新管理体制机制，建立局省联合协作机制。可

---

① 国家林草局部署推动海南热带雨林国家公园建设 [J].热带林业，2021，49（04）：82.

见，海南热带雨林国家公园发展以来，正确的发展规划和有效的管理方式起着重要的作用。

一、功能分区

海南热带雨林国家公园规划范围包含 19 个自然保护地（详见表 8-3），根据国土空间和自然资源使用相关要求，为进一步促进生态系统整体化和原真性保护，维护生物多样性，延续海南省"多规合一"的建设成果，解决生态碎片化和管理职责交叉重复等问题，全面提升热带雨林生态系统服务功能成为建设海南热带雨林国家公园的核心目标，同时，通过采取分区域管控的方式，实行具有针对性的差异化防控和保护，将整体保护地划分为核心保护区和一般控制区两个功能区域[①]。

表 8-3　海南热带雨林国家公园自然保护地

类别	区域
国家级自然保护区（5 个）	五指山、鹦哥岭、尖峰岭、霸王岭、吊罗山
省级自然保护区（4 个）	黎母山、猕猴岭、佳西、俄贤岭
国家森林公园（4 个）	吊罗山、尖峰岭、黎母山、霸王岭
省级森林公园（6 个）	猕猴岭、南高岭、子阳、盘龙、毛瑞、阿陀岭

（一）核心保护区

核心保护区主要包括上述自然保护地中的核心、缓冲和部分实验区以及森林公园生态保育区与关键生态廊道等区域。此区域实施最高级别的保护和管控措施，原则上禁止一切人为活动，严格保护海南特有植物和特有动物的生存环境，打破各栖息地之间的隔阂，保障各种群的稳定长期发展，扩展动植物的生境空间，使区域内的生态系统保持长久的原真性和完整性，维护物种的多样性发展。

---

① 国家林业和草原局（国家公园管理局).海南热带雨林国家公园规划（2019—2025 年）[EB/OL].（2020-04-22）[2022-3-1].https://www.doc88.com/p-91073118312693.html?r=1.

（二）一般控制区

一般控制区是指缓冲和承接转移地带，是除国家公园核心保护区以外的其他区域，主要包括公园内基础设施集中区、居民生产生活区和人工修复区以及公众活动体验区。其中，人工修复区可在经生态健康评估通过之后重新纳入核心保护区。一般控制区内限制但不完全禁止人为活动，只允许原住居民在保证不会损害生态系统的前提下，进行生产生活、设施改造、自然观光、科研教育以及旅游与水利基础设施建设。针对保护的紧迫程度，实施差异性有序管控。

二、重大工程

（一）海南长臂猿拯救行动

海南长臂猿是世界上现存四大类人猿之一，可为研究人类起源和生物进化提供依据，极具学术和经济价值。同时，海南长臂猿对生存环境有较高的要求，且有很强的环境依赖性，它的生存状态在某种程度上能反映热带雨林生态系统的健康状况，是海南热带雨林的指标性物种。但由于近代以来自然和人为的破坏，海南长臂猿已濒临灭绝，世界自然保护联盟物种生存委员会与国际灵长类协会在2007年曾表示："海南长臂猿是21世纪全球范围内灭绝可能性最高的灵长类物种。"因此，海南长臂猿的生存动向受到广泛关注。

在事态如此严峻和社会高度关注的情况下，海南热带雨林国家公园采取了以下措施（详见图8-1），以确保对海南长臂猿进行全方位保护，监测并改良海南长臂猿的生存环境，探寻并修复潜在生存环境，消除各栖息地之间的连通障碍，为海南长臂猿的生存繁衍提供足够的空间和适宜的环境，使其能够健康持续地繁衍下去。

种群保护方面，对外加强宣传、引导和协调，积极开展海南长臂猿保护宣传和公众教育，形成全社会共同保护的氛围；对内完善监测巡护体系，制定严格、具体的巡护标准，打造高质量巡护团队，及时了解海南长臂猿的生活状态。栖息地拓展方面：由于社会发展和人为原因，原本海南长臂猿的适宜栖息地被破坏和分割，需通过自然修复和人工维护的方式，采取补救措施，促使生态环境复原。生态廊道建设：在调查评估的基础上，确定海南长臂猿优先保护与恢复区域。通过建立空中廊道、连通生境和道路封闭等方式，打通海南长臂猿现存区间和潜在分布区间的隔断。长臂猿种群及生境数字化综合监控与分析体系建立：建立天空地一体化和数字化监测体系和巡护系统，创建资源数据库，实现长臂猿监测管理工作可视化、数字化和信息共享化。设立长臂猿研究中心：邀请海内外著名专家学者，尤其是长期从事长臂猿或灵长类物种生存与保护方面的专家，凝聚力量，共同组建长臂猿研究中心。

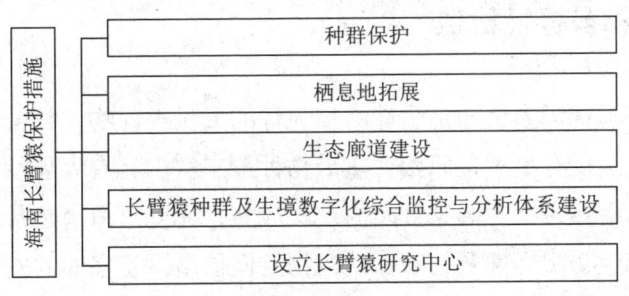

图 8-1　海南长臂猿保护措施

经过多年的保护，2021 年 9 月 5 日，海南热带雨林国家公园管理局对外宣布，海南长臂猿喜添两只婴猿，海南长臂猿种群数量恢复至 35 只，显现出种群加速扩大的良好势头。

（二）局省联合协作机制

建立局省联合协作工作机制，在 10 个国家公园体制试点区尚属首例。为更加方便管理，使管理协调更高效，管理质量更优渥，管理层级更简化，管理制度更明确，职权分工更精准，海南省委省政府与国家林业和草原局建立了省部协同机制，联合成立热带雨林国家公园建设工作推进领导小组，建立健全严格的保护管理和责任追究制度，打造统一高效的管理体制，实现扁平化管理，让碎片化的生态系统重新复原，融合成为完整、原始的自然生态系统；让保护空白地带得到合理的修护和治理，使整体得到全方位的保护，为珍稀物种和极小种群扩展生存环境。

为使各类规划合理成功地落地实施，在省级层面上成立了海南热带雨林国家公园社区协调省级委员会，并由海南热带雨林国家公园管理局直属的 7 个分局牵头，分别成立 9 个区域性的社区协调委员会，由 9 个市县领导、乡镇干部和村委会主任分别参加相应区域的委员会共同协作管理。同时，摸索构建"高质量、高服务"的志愿者团队服务机制，发动公众的力量，使社区内广大群众参与到海南热带雨林国家公园的保护和建设中来。同时，增强公众对"绿水青山就是金山银山"的理论认识，加强公众的生态保护意识，积极响应"绿色出行、低碳环保"的生活理念。

三、生物多样性价值

海南热带雨林国家公园是全球濒临灭种的灵长类动物"长臂猿"唯一的生存场所，是我国现存生态最原始、热带物种最丰富、具有大陆性质的海岛型热带雨林区。海南热带雨林国家公园的正式成立，无疑对海南热带地区的森林生态系统和热带生物多样性及其珍稀动植物的保护增设了坚固的安全屏障，更好地维护了热带地区生态系统的真实性和原始性，为热带动植物的挽救和保护提供了值得借鉴的实践经验。

（一）得天独厚的资源宝库

1. 生物基因研究价值

海南热带雨林生态系统具有极高的物种丰富度。根据《海南植物名录》统计，海南岛野生及栽培的维管植物共有 5860 种，其中海南特有植物共计 502 种，国家一级保护植物（桫椤、海南黄花梨、海南坡垒、海南苏铁、台湾苏铁、伯乐树）共计 6 种。依据最新调整的《国家重点保护野生动物名录》得知，海南国家级重点保护陆生野生动物共有 161 种，国家一级重点保护陆生野生动物有 29 种，其中海南长臂猿、海南山鹧鸪和海南孔雀雉为海南特有种；国家二级重点保护陆生野生动物有 132 种，其中海南麂、海南兔、霸王岭睑虎、海南睑虎、海南脆蛇蜥和乐东蟾蜍等均为海南特有种。可见，海南岛物种多样，具有多种特有动植物资源，拥有无法替代的森林生态系统，为我国乃至全世界生物基因库提供了非常坚实的力量，有着极高的研究价值。

2. 资源守护教育价值

国家公园的建设宗旨始终是以生态保护为第一优先级别，为后续发展和子孙后代保存足够的自然和文化资源，构建人与自然和谐发展的美丽社会。在这种保护与发展同行的前提下，国家公园的建设无疑需要当地社区和居民或村民的支持，以及公众（游客和居民）的重视和认可，只有这样，才能使生态保护工作畅通有序地展开。同时，海南热带雨林地区是少数民族（黎族和苗族）世代居住的地区。土著居民在历代生活的历程中，形成了极具本土特色的民俗民风、农耕文明等乡土文化，比外地人更加懂得热带雨林的环境和生存要素。而在热带雨林国家公园的建设中，无疑为公众提供了绝佳的科普教育机会，使得当地居民明白海南森林系统的独特价值，减少对其耕种和砍伐；也为游客提供了认识海南特色乡土文化和独特生态及物种的机会[1]。海南热带雨林极大地推动了我国生物多样性的普及，具有极高的科普教育价值。

（二）富有意义的国家公园

1. 海岛型热带雨林代表性价值

在中国，热带雨林区主要坐落于海南岛、云南南部地区和台湾南部地区等区域，而海南热带雨林国家公园是我国保存最完好、生态最原始的热带雨林地区，建设以来一直以生态保护为第一准则，保护生态物种多样性。同时，该国家公园是全球不可多得的生态与生物进化的重要代表，拥有从"热带雨林"到"亚热带季风常绿阔叶林"的过渡带植被。热带雨林还担任着大自然的"调节师"，能够起到净化空气、养育水源、保育土地和调节气候等作用。同时，海南热带雨林地区身处海洋环境，是大陆性岛屿型热带雨林，具有一定的特殊性，拥有独特的自然景观和丰富的科学内涵，对于全国乃至全世界具有宝贵的研究学习和保护价值，得到大众的高度认可，具有极强的生态代表性价值。

2. 濒危珍稀物种生态保护价值

海南热带雨林与国内外其他热带雨林地区相比，有相同之处，也有其独特

---

[1] 王琳，傅轶，David Weaver. 建设海南热带雨林国家公园 实现生态保护与协调发展和谐统一［J］. 今日海南，2018（07）：29-31.

之处。它是典型的大陆性岛屿型热带雨林，也是我国分布最集中、物种最丰富的热带雨林，同时还是整个海岛江川河流水源和森林生态系统的中心，培育出多种海南独有的动植物资源，是我国热带物种的资源宝库。海南热带雨林区是濒危物种的生存家园，是珍稀物种的孕育之所，具有绝对的生态价值，是极为特殊、极其脆弱，同时无法替代的生态资源，具有极高的珍稀物种和生态环境保护价值。

第三节　海南热带雨林国家公园建设历程与管理模式

一、建设历程

（一）党中央及地方政府鼎力支持

海南热带雨林国家公园在习近平总书记的亲自部署和推动下正式步入体制试点阶段并发展至今。习总书记曾在会议中表示，党中央将举力对海南热带雨林国家公园建设进行全方位支持，并要求在建设期间要全力践行"两山"理念，为构建绿色低碳生态文明社会积累实践经验。为贯彻落实海南热带雨林国家公园建设工作，党中央政府领导人曾亲临试点区域考察实际建设情况，并表示建设过程中应集思广益，生态文明体制要大胆创新，将热带雨林整体防护、生态系统有序修复和空间综合治理管控作为工作重点，探索出"人与自然"共同发展的新路径；省委、省政府等相关机构为协力共建海南热带雨林国家公园成立专门的领导工作小组，将公园的建设工作确立为海南深化改革开放的12个先导性项目之一，多次召开领导小组会议并到林区进行实地调研，积极推动建设工作。

在国家的高度重视和大力支持下，海南热带雨林国家公园建设和海南动植物保护迎来了难得一见的机遇。地方政府把握时机，纷纷献计献策，积极为推动海南热带雨林国家公园建设贡献力量；一线工作人员更是尽职尽责、不畏困难、勇敢向前；社会公众也参与其中，共同建设国家公园。

（二）建设期间取得的成果

海南热带雨林国家公园体制试点启动较晚，但成功不分先后，在工作繁重、时间紧迫的情况下，海南热带雨林国家公园后来者居上，现已正式成为我国第一批国家公园之一。建设期间，得到党中央政府、省委、省政府和社会各界（科研院所、专家学者和社区居民等）大力支持。在"不破不立"的局面下，多方协作、团结一心，一路奋斗下来，创造出许多值得借鉴的成果（如表8-4所示）。

表 8-4 海南热带雨林国家公园建设成果[①]

时间	标志性成果
2019-02-26	中央正式同意海南热带雨林国家公园管理局挂牌于海南省林业局
2019-04-01	海南热带雨林国家公园管理局在吊罗山正式揭牌成立
2019-04-19	全球范围内征召热带雨林国家公园形象标志和标语方案
2019-06-25	领导小组印发《白沙黎族自治县南开乡高峰村生态搬迁实施方案》
2019-07-15	国家公园管理局印发《海南热带雨林国家公园体制试点方案》
2019-09-01	在白沙黎族自治县举行搬迁安置地开工仪式
2019-10-24	《海南热带雨林国家公园总体规划（2019—2025年）》上报国家林业和草原局
2019-11-28	海南热带雨林国家公园官网正式开通
2020-01-05	海南国家公园研究院正式组建
2020-01-08	管理局出席国家林业和草原局组织的新闻发布会，介绍体制试点的特色亮点等
2020-06	国家林业和草原局印发《海南热带雨林国家公园总体规划（试行）》
2020-09	海南省政府印发生态保护、交通基础设施、生态旅游3个专项规划
2020-10-01	《海南热带雨林国家公园条例（试行）》正式实施
2021-11-08	海南热带雨林国家公园首批特许经营目录出台

[①] 夏斐.抢抓机遇 狠抓落实 奋力建设海南热带雨林国家公园［J］.今日海南，2020（01）：23-25,28.

二、管理模式

（一）突破旧规、敢于先行

2019 年 1 月 28 日，海南热带雨林国家公园正式成为体制试点单位，是当时所有试点中最后一个被列为国家公园的体制试点区。然而仅两年多的时间，海南热带雨林国家公园就正式在 2021 年 10 月 12 日的《生物多样性公约》第十五次缔约方大会中被宣布成为中国首批国家公园之一。在如此紧迫的时间内，海南热带雨林国家公园建设，突破旧规、敢于先行，摒弃旧的思维、旧的格局，打造新的理念、新的发展，相继发布多项体制政策，为海南热带雨林国家公园的建设提供了理论支撑和政策指导。

1. 明晰管理体制机制

海南热带雨林国家公园依据改革发展要求，秉持扁平化高效管理原则，构建出符合海南实际、极具海南特色的国家公园管理局和管理分局的二级行政管理体系。海南热带雨林国家公园管理局属海南省林业局，拥有主导性职能，协同相关部门履行国家公园建设的义务与要求，协调当地政府与周边社区关系；海南热带雨林国家公园管理分局主要落实自己片区的管理与保护工作，遵守"集中连片、管理高效、尊重历史、便于协调"的原则，以实现更加高效、便捷、有序的保护管理机制。为更好地进行巡护和保护工作，启动了国家公园双重执法机制，由国家公园管理局执法大队和森林公安共同为海南热带雨林国家公园建设保驾护航。

2. 变革运行管理机制

海南热带雨林国家公园在建设和运行过程中，充分考虑和体现利益共同体的要求和义务，使多方单位和组织始终与国家公园建设的主体目标相统一。支持利益共同体以其他身份或方式投入国家公园的建设和管理，促进热带雨林国家公园运行管理机构与其他部门和组织等利益共同体的协同互动发展。省级、市县、乡镇和社区四方联动，由省级部门担任号召人，联合相关部门和下级政府部门；市县和乡镇级别以二级管理分局为主体，各市县、乡镇和村委相互配合，共同发展；社区鼓励当地居民保护生态环境，特许经营权优先面对本地社区，为当地人提供合理的工作机会，让其参与到国家公园的共建共享之中。

3. 坚持生态保护准则

海南热带雨林国家公园在生态系统保护和修复方面针对不同的生态系统和损毁程度，实施差异化的保护管理模式，进一步加强对核心保护区的防护，保证各生态系统的自然生存状态和环境。采取以自然恢复为主，人工修复为辅的修复原则，让受损地区恢复到原始的自然生态状态，为生物多样性提供良好的宜居环境。初步搭建覆盖全热带雨林试点区的"森林动态监测大样地、卫星样地、随机样地、公里网络样地"四位一体热带雨林生物多样性系统。

4. 社会协同参与机制

海南热带雨林国家公园建设采取面向社会、面向世界的社会协同参与机制，积极与国外国家公园建设较好的地区进行交流和合作，邀请相关专家、组织和企业共同创建国家公园。设立社会志愿者队伍服务机制，明确选拔标准和管理制度，打造高质量、高效用的志愿者服务体系。构建社会捐赠机制，依照不同的捐赠主体，选取与之相匹配的捐赠途径，鼓励大众，如企业组织、非政府单位和个人等，通过线上或线下途径进行捐赠。开设科学研究参与机制，鼓励更多科研院所进行国家公园建设和保护研究，以提供强有力的理论支撑。探索建立政府单位主导、经营管理职权相分离和多方主体共同参与的特许经营机制。

（二）坚守理念、保护优先

1. 构建生态保护补偿制度

海南热带雨林国家公园为更好地展开生态系统保护和修护工作，启动生态保护补偿制度，依据"具体问题具体分析"的实践原则，采取"一村一方案、先搬迁带动后搬迁"的生态搬迁制度，使得乔迁村民搬得出、住得下、能致富。同时，为园区内珍稀动植物生存环境扩宽了通道。如白沙生态搬迁，以土地置换、技能培训等作为补偿，以集中安置的方式，使白沙高峰村成为首批完成乔迁的村落之一。而五指山保国村由于自身条件限制，无多余土地供给村民，则采取在附近区域进行土地赎买、商业引导等方式来实现生态搬迁工作。

2. 打造生态环境治理体系

针对海南热带雨林国家公园生态环境污染现况，以损害最严重、问题最突出的地区为最优先级别，全面落实大气污染、水污染、土壤污染和乡村环境污染等治理行动方案，巩固绿色生态持久维护。对于环境污染源防控，建立污染源档案和数据库，构建天地空一体化污染源监测体系，推进智慧雨林项目。加强源头防控，将污染物扼杀在摇篮里。以"两山"理论为指导，引导群众低碳出行、绿色生活，共同筑造美丽家园[①]。

（三）生态管控、监测护航

绿色生态的持久延续和生物多样性的丰富发展，始终需要完善的监测体系为其保驾护航。海南热带雨林国家公园监测体系，有着坚实的科研支撑，对珍稀资源与生态修复等进行深度研究。同时，还增设与中央国家公园建设相匹配的法律法规，探索适合自身建设的路径体系。分别对自然生态系统和海南长臂猿及其栖息地进行监测评估，为后续治理和防控提供基础数据和实施依据。

海南热带雨林国家公园管理局为监测的智能主体，统一组织、管理整个国家公园的监测工作，集中攻克一批生物多样性保护与利用的关键技术。公园内的监测管理工作由管理局监测部门主导，相关科研或监测单位共同参与，监测内容主要包括自然生态系统修复、区域保护地整合、动物样线与植物样地监测、珍稀动植物保育工作监测和代表性资源研究管理等。整体监测管理架构如图8-2所示。

---

① 梁君穷. 海南热带雨林国家公园设立［N］.海南日报，2021-12-31（T05）.

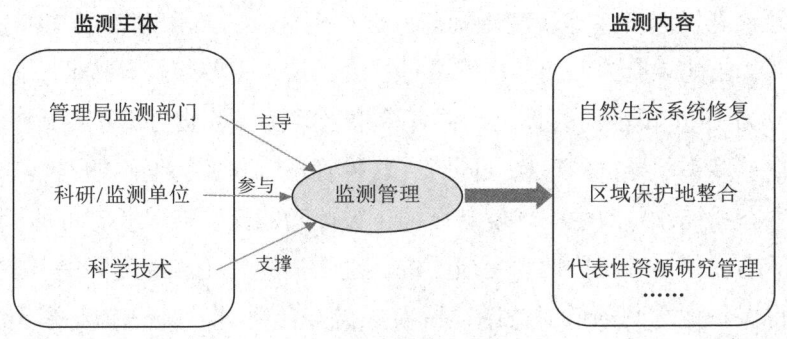

图 8-2　监测管理架构

（四）法制铸魂、科技领航

为保证海南热带森林系统得以有效的保护，海南热带雨林国家公园制定了一系列条例、管理办法等，使得国家公园保护与管理走上了规范的法制大道。通过搭建国家公园研究院等科研平台，全面加强国家公园内的智慧管理和科学技术应用，达到"科技助力园区建设、应用推动科技发展"的良性互动。建设期间，为更好地解决社区发展与自然保护之间的矛盾，在园区范围内建立了四所自然教育基地，十所国家公园自然教育学校，先后共开展40余次自然生态保护教育[①]，成功将国家公园的理念普及给大众，让社区居民和乡镇村民共同意识到建设国家公园的重要性，愿意参与共建共享，一同加入到建设国家公园、为生态赋能的队列中。

第四节　海南热带雨林国家公园问题与对策、创新与启示

一、问题与对策

在海南热带雨林国家公园建设前期，由于公园中部地区山高谷深，可进入

---
① 张志国.海南热带雨林国家公园——珍贵自然资源传承和生物多样性保护典范[J].绿色中国，2021（20）：42-49.

性差，导致开发建设实施较晚，管理方面不到位，各方面基础设施都欠发达。那段时期，当地政府为方便各区域进行管理保护，将热带森林按照不同保护地范围划分为19个单独的管理单位，各单位之间由于职责分配不明确，保护地之间存在"多头领导"的现象。同时，这种管理方式人为地割裂了热带雨林区的整体生态系统，导致生态环境被压缩，彼此间的交流被阻断。再加上长时期的人类活动，导致低海拔地区受损严重，且保护的关注点过度聚焦于高海拔地区，使得保护地之间的低海拔区还留有保护空白地界，保护措施还不够全面，因而海南热带雨林的完整性和物种的多样性仍面临威胁。可以将上述问题简单归纳为四个方面：第一，区域划分过细，生态碎片化程度过高；第二，保护地分布不均，低海拔地段保护力度欠缺；第三，管理分工不明确，保护地之间存在交叉管理；第四，发展机制不完善，社区与保护地的平衡未达标。

针对上述四个问题，海南热带雨林国家公园在建设期间，进行了以下方面的工作：按照"保护第一、系统修复，创新体制、有效管控，科学布局、协同发展，科技引领、多方参与"的原则，整合中部山区各级各类自然保护地，实行整体修护和治理，将创新体制机制放在首位，建立权责明晰的管理制度，解决职能交叉重叠和生态碎片化问题；充分衔接省部局之间的合作与发展，结合海南热带雨林国家公园具体情况与自身优势，规划编制相应的法律法规，实施具体的差异化管理；借助科技设备，打造智慧雨林，为国家公园建设提供科学支撑；积极引导群众，普及生态保护知识，加强群众生态保护意识，促进社区与保护地之间的良性互动，使社区居民一同加入"共建共享"的行列中，共同创造美丽原始的海南热带雨林国家公园。

二、创新与启示

（一）创新之处

1. 组建联合领导小组

为构建统一的管理体制机制，明确各相关部门的职责和具体工作，对海南热带雨林国家公园实施扁平化的整体保护与管理机制，完成自然资源资产统一确权登记，建立自然资源信息数据库，设立相关研究机构开展科学考察和生态环境监测等工作，海南省政府机关和国家林业和草原局联合协作，共同组建领导工作小组，成员间互通有无，充分发挥自身优势，将具体工作逐级分配给各负责人，制定时间节点和线路图，聚集起领导工作小组的强大合力。通过局省协作工作机制，不断推动试点内自然资源确权登记、资金支持和生态搬迁等试点项目落地。在十个国家公园体制试点区中，海南热带雨林国家公园首先尝试这种工作模式。

2. 创新生态搬迁模式

海南热带雨林国家公园在落实生态搬迁工作上，积极创新，灵活应对。在面对白沙县生态搬迁问题上，针对实际情况，采取集体土地与国有土地置换的方式，将高峰村 7600 亩集体土地与海南农垦控股白沙农场 5480 亩国有土地进行置换，双方土地登记进行互换，国有变集体，集体变国有，但原土地的使用性质保持不变。海南热带雨林国家公园是十个试点区中首个明确提出在 2021 年全面完成国家公园核心保护区生态搬迁任务，确保核心区内 2022 年无居民居住工作目标的公园。

3. 创新设立研究院

为给海南热带雨林国家公园建设提供科学依据和坚固支撑，专门设立了海南国家公园研究院。该研究院是一所具有公益性质的事业单位，采用全员聘任制的任职方式，广纳贤才，从海内外吸纳了一批高端人才。研究院制定了富有弹性且详细的招聘制度，通过资格认证、目标聚焦和项目引进等措施引进高质量高水平研究人员，搭建起向全世界科研人员开放并且资金渠道畅通的沟通交流平台和科学研究通道。

（二）经验借鉴

1. 保护中寻发展、发展中固保护

海南热带雨林国家公园在建设过程中，始终坚持"保护第一、开发适度"原则，对热带雨林生态系统各方面进行原真性、完整性保护。由于"保护与开发"的关系经常在实践过程中因"实际需要"被歪曲，因此在开发中不惜破坏生态环境的事件时有发生。海南热带雨林国家公园从中吸取经验，建设期间始终将生态环境保护放在首位，坚持贯彻"两山"理论，极其注重生态和生物多样性价值，具备绿色环保、可持续发展眼光。公园建设严格遵守规划的建设要求，保证规划的科学性和权威性，禁止任何公司及政府部门以任何理由违规建设开发，加大对原始雨林和天然林的保护力度，坚决抵制为实现商业目的而种植桉树、槟榔、橡胶等树种从而挤占天然林、破坏生态环境的行为。坚持一切行动均以生态环境保护为优先，在保护中寻发展，在发展中固保护，积极稳妥推动园区生产生活转型，实现保护与发展双赢[①]。

2. 注重生态保护、早发现早治理

海南是全国最早注意生态环境保护的地区，也是全国率先进行生态省建设的省份。早在1980年，国务院就海南部分地区出现沙漠化的现象召开专门座谈会，指出海南不能搞过度开发，必须注重生态环境的保护，并提出了应实施封山育林的方针。1994年海南全面禁伐天然林，1999年率先进行生态省建设，2007年海南第五次党代会报告中确立"生态立省"的战略，把生态省建设提高到"生态立省"的高度，明确把"生态立省"放到经济社会发展战略的首位[②]。海南热带雨林国家公园在进行实际的保护工作中，相关人员执行力强，极富责任心，将最普通的日常巡护工作做到了极致，不放过任何会对生态环境造成威胁的苗头。同时形成社区联防共管机制[③]，尽职尽责解决资源保护与社区居民之间的矛盾，加大宣传教育，增强居民生态保护意识，使海南热带雨林国家公园建设稳步有序进行，实现人与自然和谐发展。

---

① 国家林草局部署推动海南热带雨林国家公园建设[J].热带林业，2021，49（04）：82.
② 陈为毅.以国家公园的理念建设海南国际旅游岛[J].特区经济，2010（10）：139-141.
③ 张文君，林书喜，黄兆雪.筑牢生态屏障守护"绿色之肺"[N].海南日报，2021-11-25（A08）.

第九章 武夷山国家公园

第一节 "双世遗"武夷山概况

武夷山作为江西省和福建省的交界山脉，有着独特的地理位置属性、自然资源和丰富的历史文化资源。武夷山国家公园作为人与自然的保护区，同时又作为世界自然和文化双遗产而存在，森林覆盖率达 96.72%，是同纬度地区最具代表性与研究价值的动植物资源宝库，地理坐标为东经 117°24′~117°59′，北纬 27°31′~27°55′，总的保护面积为 1280 平方公里，其中福建省所属管辖区域面积为 1001 平方公里，江西省所属管辖区域面积为 279 平方公里[①]。为加强对武夷山国家公园的管理，落实中央下达的有关国家公园试点工作的要求，福建省于 2017 年正式成立武夷山国家公园管理局，并经过四年的试点工作，武夷山国家公园于 2021 年 9 月 30 日经国务院批准正式设立，同年 10 月，武夷山国家公园与其他四个国家公园正式列入第一批国家公园名录。

一、武夷山国家公园独特自然景观

武夷山国家公园地处中亚热带区，季风气候加上地形因素的影响，该地四季气温比较均匀，空气湿润，年均气温为 13℃左右，年降水量为 2000mm 左右。充足的水分、光照、热量加上山体垂直高度的落差悬殊使得该地区植被资源丰富，是典型的亚热带常绿阔叶林的分布区域，园内保持着相对完整的亚热带森林植被系统，自然环境表现出多样性的特征。

武夷山国家公园山体岩石广布，有前震旦和震旦系的变质岩，中生代的火山岩、花岗岩和碎屑岩。一系列的地质作用、火山喷发等运动，使得武夷山逐渐形成了以红色砂砾岩为主体的丹霞地貌，吸引了大量的旅游者。作为坍塌风化作用代表的两座单斜柱状岩峰——大王峰与玉女峰遥相对望，非常壮美。该

---

① 武夷山国家公园.武夷山国家公园 2020 年"关注森林·探秘武夷"生态监测主题科考活动启动［EB/OL］.（2020-12-04）［2022-1-15］. http://wysgjgy.fujian.gov.cn/gydt/202012/t20201204_5576252.htm.

地山木葱郁，曲水环绕，景观组合良好，园内可进入性强。丹岩耸立的武夷山，多的是悬崖峭壁，我们熟知的乌龙茶——武夷岩茶，正是凭借着该地独特的地质风貌与生长环境而形成了岩骨花香。

二、武夷山丰富的生物多样性

武夷山良好的水热组合条件、复杂的地形地貌以及多样的生态环境，为野生动物的成长提供了有利的栖息地，为生物科研工作者提供大量研究样本，因此中外生物学家将武夷山国家公园称为"鸟的王国""昆虫的世界""世界生物标本的产地"。

武夷山部分山体海拔较高，植被的垂直地带性分布明显，拥有中国东南部发育最完好的垂直带谱。由山脚到山顶的植被类型依次为常绿阔叶林、针阔混交林、针叶林、山地矮曲林、中山草甸，因此，不乏存在着多种珍稀植物树种，其中尤以南方铁木杉分布面积最广，多达一千多亩。武夷山国家公园管理局发布的统计资料显示，目前，公园内有记录的高等植物共269科2799种，包括苔藓植物、蕨类植物、裸子植物和被子植物，其他如藻类、真菌等植被也有少量分布[①]。

武夷山几乎未受第四世纪冰川的影响，所以许多古生物得以侥幸保存下来，加之在过去很长一段时间内，武夷山交通不便，远离城市的地理区位使得该地的动植物资源相对完整。据统计，武夷山国家公园的野生脊椎动物种类占福建全省境域野生脊椎动物的33.27%，园内的昆虫物种丰度也十分高，经专家整理鉴定出共计31目599科6849种，约占中国昆虫总数的20%。除此之外，园内水生动植物资源也比较丰富，包括浮游动物、浮游藻、底栖动物、鱼等各种水生动物。

总之，武夷山国家公园动植物种类多，体量大，既有大量亚热带植物物种，也包含少量温带和热带延伸物种，这对于科研工作和该地国家公园的建设具有重要的价值、支持意义。

有学者通过整理过往有关武夷山生物物种多样性的文献，从时间序列的视

---

① 王倩雯，贾卫国．三种国家公园管理模式的比较分析［J］．中国林业经济，2021（03）：87-90．

角将武夷山生物多样性划分成以下六个阶段进行研究[①]（见表9-1）：

表9-1　武夷山生物多样性研究的六个发展阶段

年份	阶段	代表事迹
1949年前	萌芽阶段	样本采集以西方为主
1949—1978	起步阶段	以陈邦杰为代表的武夷山植物调查和区系研究
1979—1988	发展阶段	武夷山建立国家级自然保护区
1989—2008	起飞阶段	武夷山国家定位研究站成立
2009—2015	稳固阶段	动物监测以及土壤微生物研究均有进展
2016至今	腾飞阶段	武夷山国家公园的试点、成立

由此表我们可以看出：生物多样性问题自中华人民共和国成立起就已经开始并逐渐获得业界人士的广泛关注。人们普遍认为对生物多样性的保护对于维持生态系统平衡具有重要意义。因此，随着生物多样性研究的逐渐深入，原生态环境保护意识的加强以及国家公园的成立，武夷山生物多样性的保护迎来了新的发展。

三、武夷山历史文化遗产

武夷山除了有丰富的自然资源，作为"双世遗"，其历史文化同样也是绚丽多彩。古代的文人墨客喜游历山水，寄情于自然，故在自然风光秀美的武夷山，文臣雅士隐居、授徒于此不足为怪。山水怡情，人以其自身的智慧为自然山水增辉添彩。作为朱子理学的摇篮，同时又是三教名山、羽流禅家的重要场所，武夷山是古文明和文化传统的重要见证，具有比较突出的价值意义。

武夷山的人类历史文化足迹最早可以追溯到新石器时期的古越人，古越人所独有的丧葬习俗——"架壑船"和"虹桥板"，至今仍然可以看到，武夷山中的18处峭壁悬棺遗址，是目前国内发现历史最为久远的悬棺遗址，因此，该地也被考古学家认为是悬棺下葬的发祥地。

---

① 肖敬禹，何中声，刘金福，等.武夷山地区生物多样性研究进展[J].武夷科学，2021，37（02）：81-92.

于 1999 年被列入世界文化遗产名录的古汉城遗址，占地 48 万平方米，其选址、建筑风格、建筑手法别具一格，在中国甚至是世界建筑史上的地位、研究价值都是极高的。除了建筑上的卓越成就之外，遗址上出土的大量古代生活生产器具，例如陶器、文字瓦当、铁器、青铜等，对研究汉代闽越族的由盛转衰以及南方城市社会经济的发展提供实证参考。

作为千古文化名山，武夷山同时吸纳了儒、释、道三家大教派，形成了三教合一融于一山，三花并蒂开于一禺的独特文化，这种景象从另一侧面反映出武夷山文化包容性和厚重的生命内涵。武夷山新儒学——朱子理学，吸收了三种教派发展而独树一帜，在江南一带独领风骚。理学的集大成者朱熹曾在此地设立讲堂，传道授业解惑，武夷山因而也被世人称为"道南理窟"，是世界研究朱子理学甚至是东方文化的基地。

四、茶文化艺术之乡

武夷山茶文化厚重的发展底蕴与三教文化有着不解之缘，茶文化内涵与三大教派的执教理念存在着部分相似性：中庸处世（儒）、禅茶一味（释）、心静神安（道）。其发展历史可追溯到明末清初，有这么一句话可以用来形象概括武夷山茶文化的悠久历史——"千年儒释道，万古山水茶"，茶已融入武夷山文化当中，成为武夷文化遗产当中不可缺失的一部分。作为乌龙茶的原产地，武夷茶尤以大红袍、正山小种最具代表性，独特的生态气候提升了茶叶的气质、品质。

大红袍曾多次被评选为"中国十大名茶之一"，并且作为国礼，在尼克松访华时赠送给对方。目前，仍旧生长于武夷天心岩上的 6 棵大红袍母树，即使是在长势最好的年份，其产量也不过几百克。自 2016 年最后一次采摘后，这几棵母树开始停采留养，更多的是作为一种地理标志、文化遗产和旅游吸引物而存在。

第二节 武夷山国家公园的规划创建过程

一、武夷山国家公园的试点阶段

2016年,国家发展改革委通过《武夷山国家公园体制试点实施方案》,武夷山成为十个试点区域中的一个,该试点区域主要是在福建省域范围内。随后,《武夷山国家公园条例(试行)》于2017年11月24日通过福建省常务委员会审议并于2018年3月开始实施。除此之外,福建省政府带头颁布实施《武夷山国家公园总体规划》以及出台5个专项规划、11项管理制度和12个规范标准。所有这些方案、条例等为公园的试点工作提供制度保障,阶段性计划也使得公园的规划创建工作能够符合预期,按计划顺利开展。

武夷山国家公园试点前,园区由武夷山国家级自然保护区管理局、武夷山风景名胜区管委会以及地方政府部门等共同管理,由此带来职能机构重叠、部门协调难度大、联动效率低等问题。因而武夷山国家公园在试点初期工作进展较慢,即使是在重新整合部门机构之后,仍然需要时间加以磨合,因此较难在短期内形成管控合力。试点工作可谓时间紧任务重,省林业局副局长、武夷山国家公园管理局局长林雅秋对后续试点工作提出以下四点要求:提高认识,增强紧迫感;紧盯目标,抓实抓细;模范带头,主动作为;严格值守,加强防范[①]。

试点实行3年后,国家林业和草原局对当时全国试点的10个国家公园进行第三方评估,评估结果显示武夷山试点区域成效较好,在以地方为主导实施建设管理的5个国家公园的试点中拔得头筹。

---

① 武夷山国家公园. 2019年国家公园体制工作试点工作再部署再推进 [EB/OL]. (2019-04-03) [2022-1-16]. http://wysgjgy.fujian.gov.cn/gydt/201904/t20190403_5504179.htm.

二、园区投资建设阶段

（一）武夷山国家公园管控与功能分区

国家公园筹建以前，武夷山就已经规划了自然保护区，对武夷山生态环境资源、经济发展和精神文化传承等各方面都采取了相应的保护措施，出台了相关的制度规定，一定程度上可以说，武夷山自然保护区的建立对武夷山国家公园的建设发展工作具有基础性作用，并为武夷山国家公园的建立提供了契机，更有利于实现由武夷山自然保护区向武夷山国家公园的转型[①]。为落实党中央、国务院关于建立国家公园的决策部署，顺应习总书记提出的"绿水青山就是金山银山"的生态文明建设理念，武夷山印发实施《武夷山国家公园总体规划及专项规划（2017—2025）》，该规划明确划定了国家公园区域的生态保护红线、永久基本农田、城镇开发管控的边界范围，以促进武夷山国家公园治理体系和治理能力的现代化，实现武夷山这座"双世遗"名山的可持续发展[②]。

武夷山国家公园按照保持其原真性、完整性、协调性和差异性的规划原则，划分为两个管控区——核心保护区和一般控制区，四个功能分区——特别保护区、严格控制区、生态修复区和传统利用区[③]。

管控区下的核心保护区主要包含福建武夷山国家级自然保护区的核心区、缓冲区、部分试验区，部分九曲溪上游保护带，占整个园区面积的50.50%；一般控制区主要包含福建武夷山国家级自然保护区的其余实验区，武夷山国家级风景名胜区及九曲溪上游保护带的其余区域，还有一些周边公益林和林场等，占总面积的49.50%。

特别保护区：是武夷山珍稀、濒危物种集中分布的区域，主要是为了保护、维持该地天然生态系统不遭受人为的侵扰，是四个功能区中保护级别最高

---

① 倪川，王智苑，郑雯，等.武夷山国家自然保护区建立国家公园体制初探[J].福建热作科技，2018，43（03）：47-51.

② 国家林业和草原局国家公园管理局.武夷山国家公园总体规划及专项规划（2017—2025年）印发[EB/OL].（2020-01-06）[2022-01-16].http://www.forestry.gov.cn/main/72/20200103/152725299861923.html.

③ 武夷山国家公园功能分区[EB/OL].（2020-03-26）[2022-01-16].http://wysgjgy.fujian.gov.cn/gygk/fqqk/202003/t20200326_5512555.htm.

的，主要包含福建武夷山国家级自然保护区中的核心区（禁止人类活动）和缓冲区（禁止旅游生产经营活动），占园区总面积的 41.75%。

严格控制区：重点保护武夷山的珍稀物种和历史遗迹，包含福建武夷山国家级自然保护区实验区，武夷山国家级风景名胜区一级保护区，不包含村民生产生活区域，占园区总面积的 9.83%。可以在该区域范围内进行教学实习和科学实验。

生态修复区：在该区域内允许部分人类活动，如生态教育、文化遗产的价值展示，是生态修复的重点区域，主要包含武夷山国家级风景名胜区二级、三级保护区，九曲溪上游，光泽公益林，邵武市龙湖场，修复区不含当地居民生产生活的区域，占武夷山国家公园总面积的 36.40%。

传统利用区：居民生活生产活动区域。具体为武夷山市的桐木村、星村村、程墩村、红星村、南源岭村及黄柏村、天心村，光泽县的大洲村，建阳区的坳头村、桂林村等周边区域。另外，由于毛竹作为当地居民获取经济收入的重要来源及其自身所特有的可再生性，结合生态效益和经济效益，武夷山的毛竹林和茶山都被划归到传统利用区内，占武夷山国家公园总面积的 12.02%。在传统利用区域内原著居民的生产活动必须符合国家公园规划的相关政策规定。从中间的核心区到最外层的传统利用区，人类活动痕迹逐渐增强，曾经的一句俗语形象地表达了这层含义——"圈内是猴子，圈外是人"。

（二）武夷山国家公园建设现状

福建省委、省政府致力于将武夷山国家公园打造成为生态文明体制创新、世界文化与自然遗产保护、自然生态系统和社区互相促进共同发展的典范。以武夷山为中心，人类活动由外向内逐渐减弱，最理想的情况是用 10% 面积的发展来换 90% 面积生态环境的保护。为此，经过几年的试点努力，国家生态文明试验区——武夷山国家公园已初步建立，为我国南方集体林区的保护发展提供了"武夷山样本"。整合各类型用地保护管理机制，建立"管理局—管理站"两级管理体系，在管理体制上实现创新；出台条例规范，增设"国家公园监管"的执法部门，实现了"一园一规"的制度创新体系；差别化管理四个功能分区和两个管控区，搭建多功能监测平台，构建生态资源的保护管理"四化"新模式；对商品林进行收储，实施地役权管理，发展生态茶园、生态旅游，允许特许经营，兼顾生态效益和经济效益，实现武夷山国家公园的新发展机制；加快形成并巩固生态文明新理念，利用线上线下，宽领域、多形式、全方位打造武夷山国家公园的教育宣传活动，与此同时，志愿服务体系也正逐步趋于完善，推动了当地居民、旅游者生态文明新思想、新风尚的养成①。

虽然武夷山国家公园已经建立，各方面的体制机制都在试点探索过程中逐渐体系化、制度化，骨骼框架已基本搭建好，生物多样性的保护也已经初见成效，但是在武夷山国家公园具体管理建设过程中，以下几方面的问题在短期内仍然不能得到有效解决②：

园内原住居民多，集体所有的土地所占比重大。虽然划分了功能分区，规定了不同区域人类活动的强度，实行生态补偿机制，进行生态移民，将武夷山特别保护区和九曲溪上游的商品林通过征收的方式变集体所有为国家所有，但是，一方面对于体量巨大的搬迁住户和集体土地，资金从哪儿来，完全依赖政府财政是不现实的，另一方面原住居民的搬迁意愿难以协调一致，之前形成的较稳定的人地关系耦合系统会因移民而需要重塑。

武夷山国家公园管理机构级别低，无法最大程度上调和配置资源，落实保护管理的职责。武夷山国家公园管理局隶属于福建省林业厅，正处级别，管理站主要负责园区内的保护管理和行政执法，属于正科级别，因此，在武夷山国家公园的管理过程中，各部门间存在决策相左、利益相冲突的情况。

有关国家公园的高位阶法律仍未建立。到目前为止，国家公园法尚未出台，武夷山国家公园管理机构只能依据《武夷山国家公园条例（试行）》履行其工作职能，其他国家公园的管理也是如此，无高效力的法律作为依据，有些地域范围跨度大的公园，如长征国家文化公园和黄河国家文化公园，更加需要高位阶法律来协调辅助其管理工作。仅凭借地方性的管理条例，效力比较低，统领性有限。

---

① 白帆、连品洁.打造国家公园建设的"武夷山样本"[N/OL].人民日报,（2021-03-05）[2022-01-17]. http://ent.people.com.cn/n1/2021/0305/c1012-32043165.html.
② 吴天雨，贾卫国.南方集体林区国家公园体制的建设难点与对策分析——以武夷山国家公园为例[J].中国林业经济,2021（05）：11-15.

需要两省政府协同管护。武夷山作为两省界山，虽然国家公园的大部分面积都属于福建省境内，但是也有一小部分是在江西，因此，两省政府对于国家公园的规划建设需要在同一台面上协商敲定，尤其是在关乎两省发展利益的问题上。2021年年底，福建省林业局和江西省林业局在福州针对武夷山总体规划召开专家论证会，经过各与会人员的充分质询讨论，《武夷山国家公园总体规划2022—2030》通过论证，新一阶段的总体规划也将对园区建设具有重要的指导意义。当然，两省互相借鉴参考，取长补短，共同为武夷山国家公园的建设出谋献策。

（三）建设资金来源及管理

可靠持续的资金是武夷山国家公园成功建立，并维持正常运转的基础，我国正处于国家公园建设的起步阶段，资金供给几乎都是以中央、省以及地方财政投入为主，辅之以部分国家公园的营业性收入和部分社会资本投入。建设国家公园是习近平新时代生态文明思想的重要实践，备受党中央政府重视，武夷山国家公园试点获得中央预算内投资补助6000万元，并且随着试点工作的顺利进行，中央财政每年通过一般性转移2500万元用于支持国家公园的建设，但目前武夷山国家公园仍然较多地依赖于省级财政专项补偿性支出。2020年在全国人大代表会议上有人大代表建议增加中央对武夷山国家公园的预算投入，用于当地的重点地区生态补偿、基础设施的完善和发展比较落后的传统村落的整治，以使得福建省政府和公园管理机构更有余力协调生态环境的保护和生产生活的发展。

在资金安排有限的情况下，对资金进行科学合理的管理，能够提高资金的使用效益。因此，福建省财政厅、省林业局联合制定《国家公园生态保护专项资金管理办法》，该办法明确中央资金由省财政厅、省林业局管理，省级资金由省财政厅、武夷山国家公园管理局管理。资金在使用时必须经过严格的审查监督，省财政厅需要编制中期财政规划和年度预算草案，审核资金分配用途，监督资金预算及其使用情况；省林业局负责国家公园专项资金（中央）的规划，与财政厅一起督促指导预算绩效；武夷山国家公园管理局则主要负责为预算的编制提出建议,并执行资金预算、资金的绩效管理工作①。

三、公园品牌树立阶段

自武夷山国家公园管理局设立以来,园区内生物多样性的保护成效显著,经生态环境研究所研究员和高校百余专家几年对武夷山资源本底的调查,陆续发现了11个生物新品种、12个如裂小蘑菇、亚洲靴耳等的中国新纪录以及100多个包括四川鳞盖蕨、曲星文衣等的武夷山新分布种。为加强对武夷山生态系统原真性、完整性的保护,树立巩固武夷山公园品牌的标识,武夷山国家公园管理局将围绕《武夷山国家公园设立方案》,陆续推进兼顾保护和可持续发展的工作,突出武夷山自然环境秀美、人文底蕴深厚的特点,努力将武夷山国家公园建设成世代相传的"双世遗",人与自然和谐相生的典范②。

第三节 武夷山国家公园的管理模式

目前我国国家公园管理模式主要分为三种:中央直接管理、中央和省级政府直接管理、中央委托省级政府代为管理。武夷山国家公园管理模式采用的是第三种模式③。公园管理既要以保护该地区的生物多样性为主要任务,又要兼顾园区内居民生计的维持,尤其要使该地的茶产业经济发展。对管理模式的探索应包含管理体制、资金机制与管理强度三个方面的内容。

一、保护管理"四化"新模式

自武夷山国家公园计划筹建以来,科研工作者深入武夷山开展实地调研活

---

① 福建省财政厅、林业局.武夷山国家公园生态保护专项资金管理办法[闽财资环(2021)18号文件][EB/OL].(2021-12-17)[2022-01-16].http://wysgjgy.fujian.gov.cn/zwgk/gzzd/202112/t20211217_5796114.htm.
② 张诗瑶.武夷山国家公园发现11个新种[N].光明日报,2022-01-08(004).
③ 王倩雯,贾卫国.三种国家公园管理模式的比较分析[J].中国林业经济,2021(03):87-90.

动，对该地生物资源的丰度进行摸底，掌握各生物资源的种类、分布和动态变化状况，以便能够更好保护该地的生物多样性。管理模式主要有管理智能化、管控严格化、修复科学化、责任明晰化这四种。

管理智能化。园区内采用现代新技术，如卫星遥感、视频监控。建立智慧管理平台，集功能展示、预警预报和数据分析为一体，及时掌握园区内水文、大气、动植物等资源的变化趋势，并根据观测到的数据进行分析，从而更加精准、科学地采取保护生态资源的措施。

管控严格化。建立健全"网格化"的巡护机制，园区内实行分区、全时的监管。组织建立国家森林公安分局、执法支队，对各种破坏生态环境的行为及时制止，严肃处罚。

修复科学化。园区内的生态环境以自然力恢复为主，辅之以必要的生物措施或其他以保护生态环境为目的的人类活动。封山育林，实行毛竹林地役权管理，建设生态茶园（茶—林、茶—草）。

责任明晰化。不断完善领导干部审计制度、保护成效考核制度、环境破坏惩戒制度，用制度管人管事。

二、协同集中统一管理

根据《武夷山国家公园条例（试行）》第二章管理体制所述，公园管理主体为武夷山国家公园管理机构，所在地的各级市、县（市、区）、乡（镇）人民政府起协同管理的作用，协同国家公园开展工作。村（居）民委员会在整个管理体系中积极协助参与，从而形成一条以武夷山国家公园管理机构为核心的，由市级延伸至村镇的管理链条，各级政府管理部门之间相互配合，承担各自的责任，履行相应的职责。

建立园区内的管护组织机构。管护组织的主要工作内容是对园区内的自然资源、人文资源以及生态环境进行监管、保护、巡查。

在园区的管理中提倡社会参与，积极促进境内外社会组织机构通过捐赠公园设备设施、认养园区内的树木、志愿救助野生动物等方式参与到武夷山国家公园的管护过程当中。

三、部分项目实行特许经营①

建立国家公园不是为了消除一切人为干扰环境因素的完全保护生态行为，而是需要考虑到社会经济发展和人民活动强度，使之控制在生态环境能够接受的范围内，与生态环境相适应，是一种实现人与自然和谐共处的办法。在2019年的国家两会上，国家公园管理局局长张建龙认为国家公园有必要开展一些商业活动，虽然保护自然生态系统的完整性和原真性是国家公园建设的首要任务，但是在保护的同时，国家公园也应该满足公众的环境教育、旅游休闲，以及园区内原住居民传统耕作行为的需求，并在此基础上提出了国家公园特许经营的管理模式。

国家公园特许经营旨在兼顾园区内生态环境的保护和资源利用的效率，这种管理方式在建设国家公园的过程中主要有以下几种作用：

国家公园的管理权与经营权相互分离，保护工作实施落地。管理机构只负责经营者的监督工作，不参与具体的经营行为，没有利益上的牵绊。因此，通过特许经营维持了国家公园管理的公益性特征。

市场能够弥补单一政府调控在国家公园资源配置当中的不足。国家公园的管理涉及人类社会和自然生态两大系统的协调，若单纯依靠政府一手抓，管理难度相对而言比较大，很可能出现两者都抓不住，国家公园形同虚设的情况。引入市场机制参与到国家公园的保护管理中，一方面有利于简化管理，降低管理难度，另一方面有利于吸引社会资金的投入，巩固国家公园的建设。

2020年省政府审批同意《武夷山国家公园特许经营管理暂行办法》，要求坚持生态理念、坚持保护优先、严格依法管理。该暂行办法主要包括以下内容：

特许经营范围：九曲溪竹筏游览、环保观光车、漂流等项目。特许经营项目的确定需要经由相关专家、社会组织以及公众代表进行论证，并且需要第三方机构对项目进行可行性的评估。

特许经营的期限：5-10年，最长经营时限不超过10年。在经营协议期满后，国家公园管理局需要对项目所产生的社会效益、环境效益进行综合评价，

---

① 福建省人民政府.《武夷山国家公园特许经营管理暂行办法》解读 [EB/OL].（2020-07-02）[2022-01-16］. https://www.fujian.gov.cn/jdhy/zcjd/202007/t20200702_5314318.htm.

以确定下一步该项目的特许经营是否要继续进行。若是因为某些原因导致特许经营项目提前终止或者是该特许经营项目在经营协议期满之后不再继续此项目的特许经营，则武夷山国家管理局需要督促特许经营商按照协议办理设施设备、技术资料以及其他相关的档案资料的移交、接管等手续。

特许经营者的选择：根据法律规定公开招标，鼓励和引导国家公园内及周边的居民参与到特许经营权的竞标当中。

主体责任——特许经营者：该暂行办法规定特许经营者对特许经营项目所涉及的自然资源和生态环境的保护担负主要的责任，特许经营者必须服从武夷山公园管理局的统一管理，严格按照协议合同、法律法规的要求开展营利性活动，但是与此同时，不能导致过度商业化。因未履行相应规定义务或者是经营不当导致生态环境遭破坏的特许经营者，武夷山国家公园管理局有权终止协议，并且特许经营者需承担赔偿相应的损失，严重的或追究涉事人的行政责任甚至是刑事责任。

监管责任——国家公园管理局、地方人民政府：

武夷山国家公园管理局负有业态监管责任，需要对特许经营者的运营计划、实施情况等进行监督，对经营的合法合规性、经营者是否健全安全保障等进行监督。

地方人民政府承担属地监管责任，对园区内的经济协调发展、公共服务、社会管理、市场监管、旅游服务、安全生产等涉及生活方方面面的事务进行监管。政府各有关部门配合武夷山国家公园管理局，并适时提供相应的指导或协同工作。

四、资源环境管理相对集中行政处罚[①]

为贯彻落实新时代生态文明的思想，加强对资源环境的保护管理，解决国家公园管理部门职权交叉重叠、多头执法的现存问题，福建省林业局、南平市人民政府联合制定了武夷山国家公园资源环境管理相对集中行政处罚权的工作

---

① 武夷山国家公园.《武夷山国家公园资源环境管理相对集中行政处罚权工作方案》政策解读[EB/OL].（202-01-12）[2022-01-17]. http://wysgjgy.fujian.gov.cn/zwgk/zxwj/202101/t20210112_5576274.htm.

方案，用以提升公园的科学管理水平。该方案规定了武夷山国家公园管理局与武夷山市有关部门的职责分工以及对公园内违法占地搞建设、毁林开垦种茶等行为的查处办法。

（一）职责分工

根据中共福建省委发布的关于武夷山国家管理局主要职责和机构编制的文件内容，在武夷山国家公园内由武夷山国家公园管理局集中行使风景名胜区与世界遗产地、森林资源、野生动植物保护管理，集中对违反相关法律、法规、规章规定的行为行使行政处罚权；而在国家公园范围以外地区的种种管理职责、行政处罚权等；仍由武夷山城市管理局集中行使。

（二）违法行为查处办法

武夷山国家公园城镇规划区内：未经有关部门许可、审批而私自搞建设的公司或个人，所在地县（市、区）人民政府下属自然资源主管部门或者是城市管理综合执法部门依法对其进行查处，武夷山国家公园管理机构则积极配合执法部门的工作。

武夷山国家公园乡村规划区内：未经许可私自占地建设的违法行为，所在地乡（镇、街道）人民政府或城市综合行政执法部门对其进行依法查处；已获许可但未办用地审批的违法建设行为，所在地县（市、区）人民政府农业农村部对其依法查处；其他违法建设行为的处理办法则与城镇区划内的查处办法相同。

城镇、乡村规划区之外：在武夷山国家公园内没有经过相关部门的审核批准，私建、新建、扩建等行为都由武夷山国家公园管理机构对其进行依法查处。

第四节 武夷山文化与自然遗产的保护创新点

一、构建"管理局—管理站"保护体系

武夷山国家公园是由中央委托省级政府代管,设立"管理局—管理站"两级管理体系,打造纵向一贯到底的管理架构,从根本上解决"九龙治水"、管理缺腿、互相推诿的问题。其中管理局是由科研监测中心和执法支队组成[①]。将原武夷山风景名胜区管委会所属单位人员整合组成武夷山国家公园科研监测中心,原先设立的武夷山国家级自然保护区管理局则调整更名为武夷山国家公园执法支队;而管理站则下设到基层乡镇地区,站长由地方乡镇长兼任,并与相应的执法大队合署办公。另外,为打造"纵向贯通,横向融合"的管理运行体制,成立了武夷山国家森林公园分局,对园区内的资源环境履行各自的职责。

二、景观资源有偿利用

建立国家公园的最终目的是以保护促发展,探求一种最适宜的,既有利于生态环境的可持续发展,又不损害当地居民现有利益的人与自然共生模式。为此,武夷山国家公园提出并试行了景观资源的有偿利用的方法,将旅游与生态环境保护相结合,能够有效地缓和自然资源的保护与居民经济利益发展之间的矛盾。

目前,景观资源有偿利用这一协议仅在小范围内,即原武夷山风景名胜区核心景区内的7个行政村约7.76万亩集体山林内实行。自这项协议试行以来,7个行政村的年均有偿使用费达319万元。一方面这笔费用有利于乡镇基础设施的完善,也增加了当地的就业岗位,如旅游业的从业人员导游、清洁工、竹

---

① 王倩雯,贾卫国. 三种国家公园管理模式的比较分析 [J]. 中国林业经济,2021(03):87-90.

筏工等，促进了该地经济的发展；另一方面，村民共享了国家公园旅游发展的成果，自然会服从、支持国家公园的管理，同时，在平时的言谈中可能会无意中流露出"建立国家公园是有好处的"这么一种意识导向，亲身受益者的宣传作用远比各种明文规定更有效果，如此，园区与社区之间的矛盾可有少许缓和。

三、创新资金投入：有效，可持续

福建省财政厅创新利用资金的安排方式，致力于高质量推进武夷山国家公园的建设，将项目建设和生态补偿机制相结合，本着"1+1>2"的系统思维方式，综合各类财政资金共5亿元用于国家公园的系统规划建设。项目建设秉承"保护优先，自然恢复为主"的原则，以改善项目周边生态环境为目的，最大限度地服务于国家公园的建设。根据国家公园内的片区划分的保护面积进行建设资金的投入，连片系统地推进武夷山国家公园的投资建设有利于资金的合理、协调分配。如为了将武夷山主体片区打造成为人与自然和谐共生状态，投入3.26亿元建设7个项目；投资0.84亿元建设4个项目，将建阳片区打造成为绿色发展示范区。

调动三个积极性以形成可持续性的投入机制：第一，调动市县积极性，发挥市县级财政保障作用，将部分民生所需财政支出转交给市县一级负责。第二，调动居民甚至是旅游者保护自然人文资源的积极性。武夷山国家公园与其他国家公园的显著不同之处在于，它不仅需要重视生态环境的保护，还要发扬其人文魅力。作为世界文化遗产地，武夷山具备独有的文化特色，在建设国家公园的过程中，要对其实施人文资源的保护补偿机制，安排财政专项资金，对人文资源进行日常的维护和改造。第三，调动原住居民的积极性。居民在国家公园的建设过程中具有不容忽视的作用，若与村民关系处理得不好，则会影响公园建设的进程，增加公园建设的难度；若与村民关系处理得好，则能够有效地调动村民参与国家公园管护的积极性。如在武夷山首创的"毛竹林地役权管理"和"景观资源两权分离管理"，将所有权与经营权相分离，村民既分得了利益，公园管理又更加顺畅，显著增强了村民的获得感，村民生态保护积极性也同步增加①。

四、生态产品价值实现路径

武夷山积极寻找生态产品价值实现的方式、路径，通过借鉴商业银行的模式，对接绿色产业项目开发运营，探索出了"建盏生态银行""水生态银行"的价值实现模式，后者作为典型案例面向全国进行推广，显著提高了居民的致富能力。

作为正山小种红茶和武夷岩茶的发源地，武夷山可以将茶产业作为该地经济发展的切入点。引导地方做好"茶文章"，打造茶产业园区，将茶产品带入国家公园，茶企业入驻国家公园当中，积极改造生态茶园，致力于在公园内建立集"茶、盏、文化与旅游"为一体的茶文化产业圈。

---

① 中华人民共和国财政部.福建财政：创新体制加大投入 高质量推进武夷山国家公园建设［EB/OL］.（2021-10-28）［2022-01-17］.http://www.mof.gov.cn/zhengwuxinxi/xinwenlianbo/fujiancaizhengxinxilianbo/202110/t20211027_3761161.htm.

第十章 神农架国家公园

第一节　神农架：北纬 31 度的"绿色奇迹"

一、锦绣山水

神农架国家公园坐落于荆楚大地湖北省的西部，它是由神农架的国家森林公园、国家地质公园、大九湖省级自然保护区、世界自然遗产地等整合而成，拥有云海奇观、峡谷风光、冰川遗迹、原始森林等壮丽奇特景观，生态价值极高。这里拥有被誉为"地球之肺"的亚热带森林生态系统、"地球之肾"泥炭藓湿地生态系统以及常绿阔叶混交林生态系统等原生生态系统，这里是养生人士的世外桃源和天然氧吧。2016 年 5 月，神农架国家公园经国家发展改革委批复正式成为全国首批国家公园体制试点之一，从此，国家公园体制探索便在神农架拉开帷幕。神农架是全球生物多样性保护的关键地区之一，具有非凡的国际意义；是中国 16 个生物多样性保护与研究的热点地区之一，同时也是中国首个荣获"世界生物圈保护区""世界地质公园""世界遗产"三大国际保护的遗产地[①]。神农架在很多方面诸如生物多样性、生物演化、生态系统等方面特色鲜明、独树一帜，是世界上同纬度地带山地生态系统和常绿落叶阔叶混交林生态系统的最具有代表性的地区，也是世界上落叶木本植物种类、数量最为丰富的地区。"华中屋脊"神农顶、"方舟湿地"大九湖、官门山、天门桥等景点共同组成了绚丽多彩的神农锦绣山水画卷，令无数游客流连忘返、深深陶醉其中，因此也被称为"北纬 31 度的绿色奇迹"。

二、炎帝文化与"野人之谜"

神农架是一个充满神话传说色彩的地方，其得名便与"神农尝百草"有

---

① 国家发展和改革委员会. 国家公园体制试点进展情况之七——神农架国家公园［EB/OL］.（2021-04-25）［2022-2-10］. https://www.ndrc.gov.cn/fzggw/jgsj/shs/sjdt/202104/t20210425_1277249.html?code=&state=123.html.

关。传说远古时期，神农帝不忍百姓挨饿受疾，便率领众多子民到了一座高山脚下，但见这里山势陡峭，这么高的山该如何上去呢？这时神农氏看到了金丝猴攀藤而上，于是就灵机一动，教民"架木为梯，以助攀缘"；在众多人的努力之下，成功攀至山顶，上山以后采得良药数百种。在此居住期间，神农帝还教会大家搭建简易的房子，以避风雨；并最终著书《神农本草经》，为后人做出巨大的贡献。而后为向天帝复命，神农才跨鹤离去。后人为了缅怀神农氏的恩德与功绩，便将这座大山称作"神农架"。目前，神农架地区建了炎帝神农文化园，以寻根祭祖为主题集中展示神农功德与文化，这里的人们也会定期举办祭祀活动来缅怀先人。炎帝神农文化园景区根据其特色，设有古老植物园、千年杉王、神农祭祀、购物长廊四个游览区，各有侧重地体现自然与历史价值。

自 20 世纪 70 年代以来，"野人"在神农架园区出没的新闻便被媒体屡屡报道，类人类猴、类人类熊、"红毛怪"等争议不断，神农架"野人"存在与否一直尚未有定论，不管是媒体炒作还是科考专家热议，这些都无疑为神农架增添了几分神秘的色彩。"野人"之谜在世界各地的森林等地时有发生，但只有神农架地区的野人一直备受关注。原因就在于此地不断有目击者传来见到"野人"消息，而其他地方的"野人"在报道过后大都销声匿迹。那么究竟是什么吸引着"野人"光临？是神农架的人文关怀？是神农架的宜居自然环境？随着现代科技和考古学的不断发展，我们相信神农架的神秘面纱终究会被一点点揭开。神农架国家公园的人文资源丰富，有历史悠久的川鄂古盐道，其境内还有远古人类旧石器遗址，以及具有古老文化象征的汉民族神话史诗等。

三、生物多样性及地质资源

神农架依托其完美的地理位置和天然的气候条件，孕育出了丰富的动植物资源，且其自然资源和生态系统具备极高的生态价值和保护意义，这在全球都是少见的。神农架是中国首个荣获"世界生物圈保护区""世界地质公园""世界遗产"三大国际保护的遗产地，园区内生物物种种类、数量繁多，生态系统呈现出多样化特点。神农架国家公园的常绿落叶阔叶混交林在北半球是保存最为完好的，同时，具有极大生态保护号召力的川金丝猴也大多分布于此。神农架国家公园有种类繁多的国家一级、二级保护野生珍稀植物如珙桐、冷杉等，还有 80 余种国家一级、二级保护野生动物如林麝等。同时，神农架国家公园也拥有很多可药用的植物，其药用资源种类繁多，蕴藏量极大，因此被誉为"天然大药园"。总之，淳朴悠久的人文资源与珍贵奇特的自然资源吸引了无数国内外游客来访。

神农架地区的地质资源尤为珍贵，它被称为"世界级地质博物馆"，见证了地球变迁 16 亿余年的漫漫历史，拥有中、新元古界的标准地质剖面，科学家还在这里发现了古生代、中生代、新生代动植物化石群。2005 年，神农架地质公园成功入选中国第四批"国家地质公园"，并于 2013 年 9 月加入世界地质公园网络（GGN），同时也是湖北省第一个世界地质公园。在漫长的历史演化进程中，经过不计其数的地质构造运动，这里便出现了神奇的山山水水，如山地地貌、流水地貌、喀斯特（岩溶）地貌等多样化的地貌景观，其中流水地貌在园区中的分布最为广泛[1]。

这里是游客们的天然氧吧，森林覆盖率十分高，园区内 90% 以上的森林都是天然林，具有超高的原真性。这里还拥有完整的亚热带森林生态系统，生态功能强大，是一个天然的物种基因库，其生物多样性为全球所瞩目，同时它还是我国东西南北植被分布的过渡地带，各个地区动植物荟萃于此块宝地。神农架国家公园体制试点区总面积为 1170 平方公里，仅为中国全国国土面积的 0.01%，但其维管束植物种类在全国维管束植物种类中占比超过 10%，在湖北省占比超过 75%[2]。由此可见，这片神圣的土地上滋养了无数生命，其生物多样性和地质遗迹资源的价值远超我们的想象。

第二节　发展历史与建设过程

历史上的神农架，村民们主要靠采集和狩猎养家糊口，"吃肉上山转，吃

---

[1] 王志先，吴楠，雷博宇，等.湖北省神农架地质旅游发展与保护[J].国土与自然资源研究，2017（05）：66-69.

[2] 陈永生，赵辉.神农架国家公园：北纬31°的自然胜境[N].中国绿色时报，2020-08-14（09）.

盐兽皮换"习俗已经在这里传承了许多年。中华人民共和国成立后,经过相关部门的勘测与报告,国家决定发展神农架。刚开始,粗放开发与经济导向模式让神农架地区大肆伐木,为新中国经济建设贡献木材。而后到了20世纪80年代,神农架建立自然保护区,国家逐渐对野生动植物等资源重视起来,木头经济逐渐转为生态经济[①]。21世纪初,人们愈发认识到良好的生态环境之于人类生存生活的重要性,神农架地区才全面禁止伐木,并加大力度发展当时的无烟产业旅游业[②]。神农架的发展历程可谓见证了新中国生态文明的觉醒、建设与腾飞。

  2012年,党的十八大将生态文明作为"五位一体"总体布局的重要内容,神农架地区由此也进入了绿色发展阶段。2016年5月,神农架作为全国首批国家公园体制试点之一开始了对国家公园体制的探索与尝试;同年11月,神农架国家公园管理局正式挂牌成立。为了更好地保护这块绿色宝藏,神农架国家公园于2018年正式实施立法保护,《神农架国家公园保护条例》由此诞生,园区正式进入了法治化时代。该条例明令禁止园区内一切形式的砍伐狩猎活动,同时禁止新建、改建、扩建矿产资源开发、水电等项目,禁止擅自挖掘地质遗迹、化石等。这些年来,神农架国家公园始终贯彻"保护优先,协调发展;资源整合,统一管理;公众参与,公益共享;科学规划,分期实施"的发展原则,并对神农架国家公园进行分区管理,整个园区被划分为四个功能区,分别是严格保护区、生态保育区、游憩展示区、传统利用区,并实行游客限量进入、定期闭园的措施,以保证园区的生态自我修复功能和生态安全。其中,后两个区仅占公园总面积的7.1%,这也体现了神农架国家公园保护至上的原则。

  自建立试点以来,湖北省人民政府高度重视神农架国家公园的建设与管理情况,秉持着生态保护优先的理念,建立了"局机关—管理处—管护中心"三级管理体系,科学制订了神农架国家公园总体发展规划,兼顾了严格保护与发展,基本解决了园区内部各类保护区交叉重叠、管理不力等问题,真正地实现

---

  ① 王欣,张珊珊.厚植绿水青山 严守自然资源:神农架国家公园2年试点交出答卷[J].中国绿色时报,2019(02):32-37.
  ② 那非丁.从开山伐木到立法保护:神农架国家公园体制试点的调查与思考[J].红旗文稿,2019(18):15-16.

了一个保护地、一个管理机构、一套管理机制的结合。同时，神农架国家公园还联合周边6个国家级自然保护区，率先成立了鄂西渝东毗邻保护地联盟，实现了保护地间的联保联防，便于互相沟通交流、借鉴各园区的管理与保护经验。

这些年来，神农架国家公园附近的村民们也从以前的"靠山吃山"改变为如今的"靠山护山"，生活方式也从之前的烟熏火燎改变为如今的使用天然气，村民们的生态保护意识得到很大的提升。现如今，神农架国家公园体制试点区已经做到"空中有飞机，山上有哨所，路口有探头，林内有巡护"，时刻保证园区的安全。除此之外，神农架国家公园启动了野生动物通道项目，建设了野生动物通道20余处，让园区内的野生动物如金丝猴等树栖动物、草食动物、两栖类爬行动物有了专属通道。

以前，神农架林区人民生产生活条件和水平相对于省平均水平都相对落后。自神农架国家公园进入国内首批国家公园体制试点以来，吃苦耐劳的神农架人紧紧跟随当地党和政府艰苦奋斗，神农架林区的脱贫攻坚之路终于看到了曙光。2018年8月，神农架林区正式退出国家贫困县序列。林区内发展的种植养殖业等给当地居民提供了很多就业岗位，如美丽乡村共建岗等，带动了当地经济发展。除此之外，神农架国家公园管理局还积极引导当地社区居民发展生态旅游、干好生态林业、坚持绿色农业，努力推动当地农业产业转型升级，大力投入资金，努力向全世界的人类展现神农架的好山好水好文化。

第三节　神农架国家公园管理模式与法制建设

2016年5月，《神农架国家公园体制试点实施方案》被正式批复，由此神农架国家公园体制试点正式启动实施，展开了全新的探索。为了以更高的效率保护神农架国家公园，神农架国家公园管理局于随后的11月正式挂牌成立。一直以来，神农架国家公园始终贯彻"保护优先，协调发展；资源整合，统一管理；公众参与，公益共享；科学规划，分期实施"的发展原则。同时，神农架国家公园实行了分区管理，整个园区被划分为四个功能区——严格保护区、生态保育区、游憩展示区和传统利用区，通过对每个区实行差异化管理来更好地保护国家公园内的资源。公园还采取了立法限客的措施，有选择地对游客开放旅游区域，对每日进园游客数量进行实时管控，以保证园区的生态自我修复能力和生态安全。

一、分区管理模式

在管理体制方面，神农架于 2016 年整合原神农架国家级自然保护区（国家地质公园）管理局、大九湖国家湿地公园管理局等管理机构，组建了园区统一的管理机构——神农架国家公园管理局。2021 年 2 月 25 日，神农架国家公园管理局被党中央、国务院授予"全国脱贫攻坚先进集体"，这充分体现了其管理的有效性。在职权划分方面，神农架国家公园管理局负责园区内自然资源的全管控，地方政府负责行使行政管理职能。同时，还对神农架国家公园进行分区管理，分为 4 个管理区 18 个网格管护小区：严格保护区是神农架国家公园内生态环境最脆弱、核心资源集中分布最多的区域，该区采取严格保护的方式，即禁止在此区域建立任何生产经营设施，除科研需要外，禁止任何人进入；生态保育区是神农架国家公园中已受到一些破坏且需要修复、保护的生态系统所在区，该区采取生物干预措施予以保护，允许建设必要的保护和科研监测的设施，禁止开展养殖、种植、开矿、伐木、挖沙、生产经营等活动；游憩展示区是发挥国家公园教育、科普、游览观光等功能的区域，也是游客的主要活动区，该区经过批准可以建设必要的餐饮、住宿等基础设施，同时开展传统的旅游观光等活动，但禁止进行对园区生态环境造成不良影响的开发，禁止开展污染环境、破坏资源的生产经营活动；传统利用区是居民生产和生活的区域，也是游客可以进入的地区，同时该区域也禁止从事对公园生态系统有影响的生产经营活动。对不同类型的管理区域，园区有着不同的管理措施和保护利用方式，这一规范、高效的扁平化、网格化分级管理体系有效地保障了神农架国家公园的生态安全。

二、法制建设之"一园一法"

2017年11月29日,湖北省人民代表大会常务委员会通过了《神农架国家公园保护条例》,该条例于2018年5月1日起正式实施。由此,神农架国家公园开启了"一园一法"的管理;条例中规定了关于资源保护、生物监测、科研科普、社区共建等多项有利于神农架国家公园科学发展的制度。同时,还建立了"局—管理处—管护中心"三级管理体系,组建资源管护队伍,实行分区、分级、分类保护和管理。神农架有选择地开放园区,并对每日进园游客数量进行实时管控,保证游客总数不超过每日园区生态旅游环境容量。这一条例的颁布与实行,丰富了国家公园法制建设的内容,也规范了国家公园的运营与管理。

为了神农架国家公园的资源可持续发展利用,园区邀请众多行业专家与科研学者共同编制了《神农架国家公园总体规划》,包括生态体验与专项保护等6个专项规划。同时园区也开展了旅游资源综合调查,形成了一系列的专题成果,为公园的发展提供了方向和指引。在《神农架国家公园科研科普专项规划》的编制过程中,园区组织开展了神农架国家公园稀缺资源的总体调查,还根据调查结果适当地关停了一些水电站。除此之外,园区还编制完成了《神农架国家公园管理条例》《中国神农架世界地质公园管理办法》等。在一代代神农架人的奋斗下,神农架国家公园正在完成法制生态文明建设的一次次飞跃。

神农架国家公园注重国家公园的宣传推广工作:在央视新闻、湖北日报、新浪网等主流媒体发布新闻数百条,还策划宣传了"中国首个世界自然遗产日"活动以及"世界地球日走进清华大学"等系列主题活动;编制发布了湖北省首部《神农架国家公园体制试点建设白皮书》;央视栏目组先后在神农架国家公园拍摄专题片如《美丽中华行》《自然物语》等10余部;积极开展自然科普教育,成功创办"湖北省科普示范基地",建成"湖北省中小学生研学旅行实践教育基地""港澳青少年内地游学基地",成为国内很多中小学、教育机构等开展研学旅行的不二选择。在国内外合作与交流方面,园区也积极与国内外地质公园如福建宁德、河南云台山、河南伏牛山、新疆可可托海、浙江雁荡山、安徽黄山、法国普罗旺斯高地、乌拉圭宫殿岩洞等20余所公园结为姊妹公园。

第四节 旅游开发利用和保护

一、生物多样性与地质遗迹的保护

生物多样性是我们人类赖以生存和发展的基础，为人类提供了健康有活力的生态环境。为保护园区的生物多样性，神农架国家公园管理局定期开展红外相机监测培训，并实行"1+4林长制"联合巡护：由"林长"带头，神农架水利和湖泊局的"河湖治理员"、神农架供电公司的"线路巡检员"、神农架公路管理局的"公路养护员"、神旅集团的"景区安全员"四员共同参与，检查林区有无火灾隐患、受伤动物等情况，形成"1长+4员"的工作队伍，创建"林长主导、4员联动、协同高效、科学保护"的工作格局，有效地实现了生态环境共保共治，最大限度确保了林区生物多样性的安全保护。

神农架地区的地质遗迹景观十分奇特、壮观和丰富，有山体地貌景观、流水地貌景观、喀斯特地貌景观、湿地地貌景观等，具有很强的观赏性。被称为"华中屋脊"的神农顶是华中地区最高点，山高谷深，纵横交错，变幻无穷。另外，园区还有很多国内外罕见地质景观和现象，对古气候、古地质演化发展的研究有很大的科考意义。神农架地区的地质遗迹具有极高的美学和生态价值，因此加强对园区地质遗迹资源的保护与管理至关重要。

神农架国家公园采取了多样化途径不断加强保护园区内有代表性的地质遗迹，普及地质常识，提升对外服务品质，对线路设计、标识系统、导游培训、旅游产品体系等进行了反复的尝试与研究，以确定最优配置；配备专门的地质管护人员和相关保护设备；设有生态厕所、分类垃圾桶、生态停车场等[1]。与此同时，神农架国家公园延续了原神农架地质公园管理局对地质遗迹的分区——核心保护区和缓冲区，并将具有突出地质价值的遗迹进一步划分成三级

---

[1] 李江风，王志先.神农架国家地质公园保护与科普建设[C]//中国地质学会旅游地学与地质公园研究分会第26届年会暨金丝峡旅游发展研讨会论文集，2011：305-310.

立体保护体系[①]。针对这些地质遗迹，园区还开展了一系列地质课题研究，投入大量资金与人力加强园区基础设施建设，提升园区配套服务条件。除此之外，园区还设立了地球科学资料数据库、地质遗迹数据库和地质资源保护与监测信息中心，便于对园区内的地质遗迹实行数字化保护和管理。同时保持对外交流，通过参观、走访其他国家公园达到取长补短的目的，提升自身管理水平与建设能力。

二、生态旅游开发与发展现状

这些年来，神农架始终坚持"保护第一、科学规划、合理开发、永续利用"的发展方针，始终秉持"保护就是发展、绿色就是财富、文明就是优势"的发展理念，高度重视对园区生态环境和自然资源的保护。神农架的自然资源具有唯一性、垄断性、不可复制性、震撼性等特点，保存着完整的亚热带森林生态系统，为生态旅游的开展提供了天然的基础条件。1982年，经湖北省人民政府批准建立神农架保护区。1986年，国务院批准神农架成立国家级森林和野生动物类型自然保护区。2011年，神农架成为全国森林旅游示范区。2016年5月，神农架被确定为首批国家公园体制试点创建单位之一，整合了各类自然保护地，实行统一管理，启动了更加严格的保护管理模式。2016年7月，神农架被列入《世界遗产名录》，成为世界自然遗产地。这意味着神农架的资源价值、管护理念等得到了国内外专家的高度认可。神农架由此站上了更高的舞台，其保护、管理等工作更加严格、更加规范、更加科学。在一代代神农架人的努力之下，神农架国家公园生态建设实现了跨越发展，跻身世界前列。

为实现生态旅游的发展目标，这些年来，神农架国家公园打造了多样化的生态旅游产品，依托神农架天然的优势，设计了研学、科考、康养等专项旅游产品，积极开展夜间旅游并打造"神农架药膳"等餐饮品牌，大大提高了旅游服务水平和旅游产品供给能力。为了保证园区的生态安全，还建成了信息管理中心，完成数字化监控与管护平台一期建设，同时启动二期、三期建设。借助

---

① 熊继红. 湖北省神农架地质公园建设与发展研究 [J]. 中国集体经济, 2012（27）: 125-126.

北斗巡护终端、红外相机、视频监控等技术设备，建成集人防、物防和技防于一体的综合管护体系，实现连续三十多年无重大森林火灾、无重大野生动植物疫病等重大成就[①]。信息管理中心可以实现景区游客实时流量监控，运用先进的监测手段如遥感等，对园区形成全方位保护网络。同时，园区内部还建立了野生动物救护中心、生物多样性监测中心、野生动物生态廊道等，以确保动植物等资源监控和保护无盲区、无死角。随着这些年公园的发展，享受到生态红利的居民们的环境保护意识也在不断加强，居民们对园区为发展生态旅游而制定的各项举措的认同也在不断增强。首届世界中医药健康论坛在神农架召开以及园区荣获"国家绿色旅游示范基地""中国十大生态旅游目的地"等称号，提升了神农架发展生态旅游的号召力和吸引力。

三、园区科普教育体系的完善

神农架是开展生物多样性教育、自然教育、地质教育等的理想场所。这些年来，神农架国家公园坚持科学利用园区自然资源实现对青少年成长的教育，坚持生态为民，成功举办了各种夏令营和科普教育主题活动，积极开展自然科普教育，成功创办了"湖北省科普示范基地"，建成了"湖北省中小学生研学旅行实践教育基地"，入选了"中国自然教育基地"等，成为很多中小学生大自然教育的启蒙地。另外，园区还每年为"世界地球日"等节日举办主题教育活动，并为游客设计了探秘风光游、科普文化游、自然休闲游、湿地观光游4条不同类型的旅游线路，编制了鸟类野外观测等中小学生科普课程并先后出版了《神农架国家公园研学手册》《金丝猴考察日记》《神农架物种100》《地质探秘神农架》等系列科普读物，完善了园区科普教育体系的建设。神农架国家公园近年来积极探索发展以生态旅游为主体的生态经济体系，不断回应人民群众对美好生活的需要，如对康养、研学等的需求。神农架国家公园作为生态体验区、科研科普研学基地等发挥娱乐、教育等功能的载体，在国内外都广受欢迎。同时，公众感知、宣传、保护国家公园的意识也在不断加强，很多公众加入公园保护队伍，众多当地居民在神农架国家公园提供的创业就业岗位上成

---

① 王文华.华中屋脊上的绿色飞跃，生态视角下神农架的保护与发展[J].世界遗产，2017(03)：80-83.

长,逐渐摆脱了贫穷的困扰。

另外,神农架国家公园还针对神农架地区极具特色的地质遗迹,为当地中小学生开展乡土科普教育,举行形式多样的科普宣传活动;为地质研究爱好者、学者设置了专门的科考科普路线、标识牌、影像资料,以及提供与地学研究相关的文献读物等。在园区的基础设施建设中融入科学知识,并开辟了科普栈道,聘请专业人员编制文字优美、适应性广、具有知识性的导游词,导游会根据沿途自然资源进行详细的讲解。景区内的标识等部分采用原始石材和原木,体现出古朴、原生态的特色,给普通游客提供了地质常识学习的机会,增加了他们的游览乐趣、丰富了他们的体验。2021年以来,神农架国家公园还利用 AR、VR 等技术对小龙潭金丝猴科普馆、大九湖湿地馆等科普场馆进行改造升级,设计互动体验游戏,让游客们在游玩中学到更多知识。

在生态科学研究方面,园区已经与中国地质大学、中科院、华中农业大学等国内三十余所高校、十余家科研机构合作开展多项课题研究、共建高校实习教育基地,如 2021 年 11 月,神农架国家公园获评"2021—2022 学年度清华大学研究生社会实践地学系一星级基地"。为了更好地解决建设过程中出现的问题,园区还组建了神农架国家公园科学研究院,成立国家公园研学管理办公室、神农架地质科学研究所,并设立国家林业局神农架金丝猴研究基地,其成果为金丝猴的保护提供了有效的科学依据。同时,充分利用 GEF、WWF 等研究平台,开展神农架地区生物多样性保护研究、地质遗迹保护等科研项目。

第五节　安全与可持续发展

一、生态安全

由于季节性气候等限制因素,神农架国家公园面临着淡旺季及不同景点客流量差异巨大等问题,时而出现旺季游客爆满导致旅游体验严重下降的现象。为了最大限度地发挥神农架国家公园的社会效益、生态效益与环境效益,以及实现园区可持续发展、贯彻"保护优先"的理念,我国一些学者开始陆续对不同景区生态旅游环境容量进行了测量，如彭乾乾等人运用了面积法、卡口法等测算出了神农架国家公园游憩区最佳日环境容量、限制日环境容量①。《神农架国家公园保护条例》中规定，对神农架国家公园范围内所有景点实行游客限额管理，有限开放旅游区域并对游客实行限流量管控。神农架国家公园园区实行"限客令"以来，景区环境得到显著改善，生态持续向好。加之园区积极采用新技术如电子围栏、无人机、卫星遥感热源系统等建成了网格化生态保护网，从而可以较为高效地完成网格内动植物信息采集、地质灾害监测、森林防火等工作。这些严格的保护措施，对于近些年来神农架国家公园范围内森林覆盖率的提高、金丝猴数量的增多等起到很大的作用，也得到了国家的认可。

新冠肺炎疫情期间，神农架国家公园对园区生态安全管理也丝毫不放松。新冠肺炎疫情发生以来，神农架国家公园积极落实疫情防控常态化工作，对园区定期消毒，实行游客扫码入园政策；在开展巡护的同时，由专门人员定时检查水电线路安全，确保园区安全；定期召开会议，学习国家公园法律法规、管护现状及管理业务知识。新的时代，神农架国家公园"人人都是生态保护践行者"的生态保护大格局正在形成，神农架也会载着以往的成就和荣誉以更高的水平向全世界的人们讲述神农架"神秘、神奇、神往"的故事。

二、原住居民就业

几十年前，神农架林区人民生产生活条件相对落后，无论是城镇还是农村，人均可支配收入都远远低于全省平均水平。经过国家的扶持和神农架人的艰苦奋斗，神农架林区的人们终于看到了曙光。2018年8月，神农架林区正式退出国家贫困县序列。2021年2月25日，神农架国家公园管理局被党中央、国务院授予"全国脱贫攻坚先进集体"，充分体现了其管理的有效性。林区内发展的种植养殖业等给当地居民提供了很多就业岗位，带动了当地经济发展。同时，园区还开辟道路维护岗、山区巡护岗、美丽乡村共建岗、生态公益性岗等。目前，神农架国家公园管理局也在积极引导社区居民发展生态旅游、生态林业、绿色农业等，推进当地产业转型升级，并大力投入资金促进社区共建共

---

① 彭乾乾，李亭亭，汪正祥，等.神农架国家公园生态旅游环境容量研究[J].湖北大学学报（自然科学版），2017，39（05）：451-454.

享发展，努力向人们展现神农架的好山好水好文化。

《神农架国家公园保护条例》中规定，神农架国家公园在招聘护林员、生态管护员等岗位时，要优先选择当地居民作为岗位人选，这些管护岗位人员要在工作中报告并制止破坏生态环境的行为，公园还制定了《神农架国家公园生态公益岗位管理规范》。同时，由于园区保护措施严格，导致野生动物数量增多，免不了有时对农作物造成破坏，因此园区也为当地农民购买了兽灾补偿保险[①]。园区积极构建社区产业帮扶、绿色产业项目等生态保护机制，对那些对生态环境有影响的产业进行转型升级，引导社区居民发展绿色清洁农业。此种社区共建和发展模式，为实现全民增收、公园可持续发展做出了重大突出的贡献。与此同时，神农架国家公园管理局可采取社区培训等方式加强社区居民对生态旅游的了解，提高他们作为东道主的地方自豪感，强化自身服务技能，进而更好地通过开展住宿经营、餐饮接待等服务从旅游业中受益。

三、多方参与

神农架国家公园自建立试点以来，持续地推动园区建设保持多方参与。园区建立了"神农架国家公园管理局—管理处—社区"三方共建体系，共同管理和监督神农架国家公园工作的开展。神农架国家公园鼓励企业、社会组织和个人通过投资、捐赠、信贷支持等形式，参与公园的保护和建设。这些年来，神农架国家公园开展了丰富多彩的文娱与科教活动，对游客有针对性地开展生态环境教育、自然体验等活动，设计了多样化的高质旅游产品。同时，园区还制定了关于社区居民在园区附近营商的管理办法与环境规范，积极鼓励、扶持周边社区居民适当地从事一些符合规范的环境友好型商业经营活动；按照公园实际需求鼓励社区居民参与到国家公园的生态建设中，如设立生态管护岗位，对这些岗位的从业人员制定了《生态管护员聘用方案》和《生态管护岗位管理规范》等。与此同时，园区还建立了志愿者服务体系，完善了自然保护地社会捐赠制度，鼓励社会组织、企业、个人参与到生态保护中，与保险公司合作建立了兽险与自然灾害险等保险机制，以保证农户们的收入得以稳定。园区还出台

---

① 吴冠宇，王品，梅拥军.以绿水青山"铺就"产业脱贫路［J］.绿色中国，2021（06）：76-79.

了一系列惠民与生态保护政策,如给每户每年 3000 元的用电补贴以代替烧柴,减少了对林地的破坏。林区还使用国家公园标识制作社区门牌号,将公园文化融入社区居民生活。未来还将持续引导社区参与到国家公园的保护中,形成具有地方特色的多方共建林区美好环境、共享林区生态红利的机制。

四、未来发展方向

自神农架国家公园入选首批国家公园体制试点以来,生态保护、管理体制等各方面都取得了卓越的成就。2021 年 10 月,我国第一批国家公园名单正式公布,包括:三江源国家公园、大熊猫国家公园、东北虎豹国家公园、海南热带雨林国家公园、武夷山国家公园。而入选国家公园的标准主要有《国家公园设立规范》《国家公园监测规范》《国家公园总体规划技术规范》等,根据这些标准,可以发现:神农架国家公园在国家代表性,生态完整性、原真性,以及管理可行性方面,还需要继续完善并积极借鉴已入选的其他国家公园的经验。

第一,在对外宣传方面,神农架国家公园通过在央视、人民日报、湖北日报等媒体发布新闻三百余条宣传园区特色价值与生态文明建设成果;2019 年举办"神农架国家公园杯"观鸟赛大型活动,配合协助央视各节目组拍摄专题片等,扩大社会影响力,增强民众对国家公园的认知与关注。除此之外,还可以结合社会生态热点和节日创办自己的品牌特色活动,充分利用相关流量平台向世界展示神农架国家公园的绿色名片;可发布神农架年报或季报,展示神农架美景风光及工作成果;可制订年度宣传方案和舆情管理应急方案等,以完善国家公园。同时,应完善志愿服务机制,加大宣传力度,调动起公众对国家公园的热情。

第二,在体制机制方面,神农架国家公园建立的神农架国家公园管理局为正处级事业单位,是由湖北省政府垂直管理,委托神农架林区政府代管。而国家公园的管理是中央事权,即要求由中央政府直接行使,或者由中央委托省政府代为行使。且神农架国家公园管理局相对于其他国家公园管理机构来说级别偏低,在实际运行过程中由于一些资源权属问题复杂而难以协调,因此不免较大程度地依赖地方政府，难以高效完成国家公园的历史使命①。应尽快落实神农架国家公园管理局职能和执法权等问题，对现有体制机制进行深度改革，确保园区保护效率和总体水平。除此之外，针对神农架国家公园的完整性问题，相关部门应尽快给出可以真正解决问题的整合方案来划清空间范围以明确权属，并完善好相关政策法规，提高园区的管理效率②。

第三，在人才建设方面，神农架国家公园虽跟众多高校、科研机构达成了一定合作，取得了一定的成就，但园区现有工作人员年龄结构明显老化，业务能力总体偏低，执法力量不足，高端技术管理人才缺乏，难以满足新时代国家公园建设需求③。园区可以制订科学的激励政策和人才引进战略，加大对相关专业优秀年轻人才的引进，并在职称、薪资、子女入学等方面给予大量便利，真正做到引得来也留得住人才。另外，也可在当地职业学校培养面向神农架国家公园的定向就业人才，定期进行实地培训，提高服务管理能力。还应充分利用现代化先进设施与技术，持续推动神农架治理体系的信息化、智能化。无疑，年轻化人才队伍的加入会增强整体人才队伍的治理能力与活力，将更有利于神农架国家公园发展目标的实现。

第四，在社区参与方面，要强化生态保护理念，提高当地居民为子孙后代留下宝贵的自然资源的使命感。同时要让当地居民真正参与到神农架国家公园的建设中，保护他们的合法权益，提升他们的自豪感，让他们真正成为旅游的受益者。有关部门应鼓励社区在当地开展特许经营，定期对居民进行自然资源管护等的专业技能和行业培训。根据神农架自身优势开发特色品牌项目，增加就业岗位并注重双向沟通，真正了解当地居民的就业需求。

---

① 谢宗强，申国珍.神农架国家公园体制试点特色与建议［J］.生物多样性，2021，29（03）：312-314.

② 蔡庆华，罗情怡，谭路，等.神农架国家公园：现状与展望［J］.长江流域资源与环境，2021，30（06）：1378-1383.

③ 臧振华，张多，王楠，等.中国首批国家公园体制试点的经验与成效、问题与建议［J］.生态学报，2020，40（24）：8839-8850.

第十一章 钱江源国家公园

第一节 钱江源国家公园概况

一、基本情况

钱江源国家公园地处北纬30度，位于中亚热带中部，浙、皖、赣三省交界处，总面积约252平方公里。钱江源国家公园由古田山国家级自然保护区、钱江源国家森林公园、钱江源省级风景名胜区3个自然保护地构成，包括以上3个自然保护地间的连接地带，多为生态公益林区。公园范围内涵盖了开化县的苏庄、长虹、何田与齐溪4个乡镇，共计21个行政村、72个自然村。

钱江源国家公园可以划分为四个片区，分别是苏庄片区、长虹片区、何田片区和齐溪片区。试点区具有复杂的森林结构，被称作钱塘江的"绿色心脏"，森林覆盖率超过80%。

钱江源国家公园苏庄片区位于钱江源国家公园南部，与江西婺源森林鸟类国家级自然保护区毗邻。苏庄片区是生物物种保存的天然基因库，这里分布着低海拔中亚热带常绿阔叶林；有国家一级重点保护植物红豆杉等、国家二级重点保护植物香果树等14种；是白颈长尾雉、云豹、豹、黑麂等中国特有的世界珍稀濒危物种、国家一级保护动物主要栖息地，以及国家二级保护动物白鹇、黑熊等动物的主要栖息地。苏庄片区内人文资源丰富，拥有"点将台"等名胜古迹、"姜家祠"等重点文物保护单位、"吴越古樟"等古树名木[1]。

钱江源国家公园长虹片区位于钱江源国家公园中部，森林覆盖率达85%以上，文化底蕴深厚，尤其是历史资源和红色资源十分丰富，有中共闽浙赣省委机关等古村落。长虹民风淳朴，杀猪禁渔、尚礼尚学等优良习俗传承甚广。

钱江源国家公园何田片区位于钱江源国家公园中部，西邻江西婺源县江湾镇。何田片区村民用山泉流水养鱼已有600多年历史，钱江源国家公园管理局与何田乡政府打造"清水鱼农业文化遗产博物馆"，依托渔文化元素建设特色

---

[1] 洪媛琳.钱江源国家公园试点区建设及其影响机制研究[D].苏州：苏州大学，2020.

渔村，支持农户开展乡村民宿、渔家乐，通过"清水鱼文化节"等活动，实现国家公园鱼＋乡村旅游新模式。在何田片区可进行山野生态游憩、尝何田古法养殖清水鱼、茶文化休闲体验、采摘高山蔬菜等活动。

钱江源国家公园齐溪片区地处浙、皖、赣三省交界处，与安徽省休宁县岭南省级自然保护区毗邻。齐溪片区位于钱江源国家公园北部，是钱塘江的发源地。钱塘江源头有"中国的亚马逊雨林"的美称，森林覆盖率达97%以上，分布着钱江源头、莲花塘等游憩点及人文景观40余处[①]。其中有国家一级重点保护野生植物南方红豆杉、银杏2种，国家二级重点保护野生植物连香树、长柄双花木等21种；有国家一级保护动物白颈长尾雉、黑麂、云豹、豹4种，也是两种国家一级重点保护动物黑麂、白颈长尾雉的主要分布地。

二、发展历程

钱江源国家公园发展历程如表11-1所示。早在1999年，开化县确立的"生态立县"发展战略，就为以后钱江源国家公园的成立和发展奠定了基础。

表11-1 钱江源国家公园发展历程

时间	政策及具体发展
1999年	开化确立"生态立县"的发展战略
2013年	开化计划打造"国家东部公园"
2014年	开化被列入全国28个"多规合一"试点市县
2015年	开化计划将全县域建设成国家东部公园，提出"国家公园"概念
2015年	国家发展改革委明确开化县开展国家公园体制试点
2016年6月	国家发展改革委批复《钱江源国家公园体制试点区试点实施方案》
2017年3月	浙江省编办批复设立钱江源国家公园党工委、管委会，与开化县委、县政府实行"两块牌子、一套班子"的"政区合一"管理模式[②]
2017年10月	浙江省政府发布《钱江源国家公园体制试点区总体规划》(2016-2025)

---

① 张业臣，张宏梅，虞虎.基于游客感知的生态系统服务社会价值评估——以钱江源国家公园为例[J].旅游科学，2020，34（6）：20.

② 陶建群，杨武，王克.钱江源国家公园体制试点的创新与实践[J].人民论坛，2020（29）：102-105.

续表

时间	政策及具体发展
2019年4月	浙江省委发布《关于调整钱江源国家公园管理体制的通知》，组建钱江源国家公园管理局，由政府垂直管理，为省一级预算单位①
2019年7月	钱江源国家公园管理局正式挂牌

三、核心资源

（一）中国东部天然的生物基因库

试点内生物种类丰富，共有高等植物2062种，鸟类237种，兽类58种，两栖类动物26种，爬行类动物51种，昆虫1156种，其中珍稀濒危植物61种，中国特有属14个，国家一级重点保护植物1种，国家二级重点保护野生植物13种，国家重点保护野生动物45种②。这里还是中国特有、世界濒危国家一级重点保护野生动物黑麂、白颈长尾雉的全球集中分布区。相较于梅花鹿、麋鹿等鹿类，黑麂的数量极为稀少，我国野生黑麂总数仅有不足8000只，多活动于浙西和皖南地区，而钱江源国家公园黑麂数量达到全球总数的十分之一。

（二）常绿阔叶林的世界窗口

公园的主要保护对象是大面积、全球稀有的、发育和保存完好的呈原始状态的低海拔（海拔260~800米）中亚热带原始常绿阔叶林地带性植被，拥有丰富的稀有种和优势种，森林群落保持着生态系统的原真性和完整性。这里的森林类型丰富多样，不同种类的森林植被类型按照海拔梯度分布着，包括中亚热带常绿阔叶林、常绿落叶阔叶混交林、针阔叶混交林、针叶林、亚高山湿地五种植被类型③。

---

① 钱江源国家公园管理局.亚热带之窗钱江源国家公园[J].浙江林业，2020（01）：26-27.
② 钱江源国家公园管理局.开化聚力打造钱江源国家公园[J].浙江林业，2019（07）：20-21.
③ 张海霞，钟林生.国家公园管理机构建设的制度逻辑与模式选择研究[J].资源科学，2017，39（1）：9.

(三)科研与监测的中国样本

我国从 2004 年开始中国森林生物多样性检测网络的建设。钱江源国家公园生物多样性的科研平台就是古田山的大型森林动态样地,该平台是由中国科学院植物研究所和浙江大学联合建立,开始主要研究植物群落生态学,后来研究范围逐步扩大,目前已发展为多学科交叉的生物多样性科学综合研究平台。钱江源国家公园的四大科研平台分别是:森林动态样地监测平台,中国亚热带森林生物多样性与生态系统功能实验平台,全境网格化动物多样性监测平台,森林冠层生物多样性监测平台[①]。

四、遗产特征

(一)生态保护,独特的自然资源

国家公园的第一要义是生态保护,钱江源的核心价值便是其珍贵的资源。钱江源国家公园保存着全球稀有的大面积呈原始状态的中亚热带低海拔典型常绿阔叶林,园区内还有种类多样的珍稀濒危动植物,构成了独特的地域生态系统,更是黑麂和白颈长尾雉的全球集中分布区。管理局依托园区内独特的资源优势大力开展研学旅游。

(二)服务功能,水源涵养和供给

钱江源特殊的服务功能为水源涵养和供给。中国国家公园的定位注重全民公益性,强调以民众为主。开化县的森林覆盖率高达 80.8%,林木蓄积量达 1105 万立方米,生物丰度、植被覆盖、大气质量、水体质量均居全国前 10 位,是全国 9 个生态良好地区之一;平均水资源量为 27.2 亿立方米,人均水资源占有量为全国人均值的 4.38 倍、全省的 5.03 倍,出境水质常年保持在Ⅰ、Ⅱ类标准[②],钱江源的生态系统服务功能十分强大。

---

① 洪媛琳.钱江源国家公园试点区建设及其影响机制研究[D].苏州:苏州大学,2020.
② 钱江源国家公园管理局.亚热带之窗钱江源国家公园[J].浙江林业,2020(01):26-27.

（三）示范推广，创新发展模式探索

钱江源国家公园体制试点具有突出的示范推广价值。钱江源国家公园是长江三角洲地区唯一的国家公园体制试点区，也是在人口密集、集体所有自然资源占比高、经济发达、涉及跨区域保护的东部区域大背景下的试点区。全面落实生态文明制度，遵守严格保护和多方互利共赢的原则，探索复杂背景下以国家公园为主体的自然保护地体系建设，可以探索出一种创新发展模式，实现重要自然生态系统保育修复，并达到可持续发展。

第二节　钱江源国家公园的规划

一、功能分区

中国国家公园体制"重保护、轻开发"，坚持"小面积利用、大面积保护"的原则，一般划分为"核心保护区、生态保育区、游憩展示区、传统利用区"四大片区。核心保护区和生态保育区是自然生态、生物栖息的核心分布区，除了科研活动之外禁止人为活动。钱江源国家公园在生态敏感性上具有较大的规模差异性，可以将钱江源国家公园划分为严格保护区、生态保育区、传统利用区和游憩展示区[1]。

表 11-2　钱江源国家公园功能分区

功能分区	分区范围	面积
严格保护区	包括古田山国家级自然保护区核心区和缓冲区、钱江源国家森林公园的特级和一级保护区	71.79 平方公里
生态保育区	包括古田山国家级自然保护区的实验区、钱江源国家森林公园二级和三级保护区及连接两处保护地的林地	123.08 平方公里

---

[1] LIU Qingqing, YU Hu. Functional zoning mode and management measures of Qianjiangyuan National Park based on ecological sensitivity evaluation [J]. Journal of Resources and Ecology, 2020, 11（6）: 617-623.

续表

功能分区	分区范围	面积
传统利用区	长虹、何田东部区域	41.33 平方公里
游憩展示区	古田山庄，齐溪、长虹、田畈居民点集中的区域	15.80 平方公里

（注：数据来源于钱江源国家公园体制试点方案）

二、重大工程

（一）保护地役权改革

《建立国家公园体制总体方案》提出："确保全民所有的自然资源资产占主体地位，管理上具有可行性。"钱江源国家公园国有土地占比仅为20.4%[1]。钱江源国家公园管理局在深入自然村开展调研的基础上，广泛征求村民意见，制订了改革实施方案（地役权改革的具体措施见表11-3）。本次集体林地役权改革在不改变林地的权属前提下，为村民提供集体林地役权补偿，村民须按照正负面清单，规范个人在集体林地上的行为，履行保护森林的义务。2018年2月，浙江省政府将集体林保护地役权补偿金纳入省财政预算，补偿标准与省公益林生态补偿金同步增长。

改革的核心包括针对生产主体的正负清单、资金补偿、保底价收购，以及针对经营主体的市场营销补贴、特许经营、品牌增值。改革出台了四项政策：地役权补偿、保底价收购稻谷、推行产品销售补贴、开展品牌特许。改革坚持了四项原则：生态优先原则、民生为要原则、政策引导原则、市场运作原则。此外，明确三方权责：农村承包土地地役权改革生产主体以村经济合作社、农业专业合作社等为主，生产范围仅限农作物。生产主体在实施农作物种植过程中不滥施农药化肥等，严格按照管理局要求进行生产，管理局给予地役权生态补偿。经营主体收购农田地役权改革基地上生产的农作物，管理局提供经营主体市场营销补贴，并允许其使用国家公园相关品牌。

---

[1] 黄宝荣，王毅，苏利阳，等.我国国家公园体制试点的进展、问题与对策建议[J].中国科学院院刊，2018，33（01）：76-85.

表 11-3　地役权改革具体措施[①]

集体林征收试点	拟对有实施条件的平坑村已经划入古田山国家级自然保护区核心区范围的集体林开展征收试点
生态公益林扩面和集体林租赁	将位于核心保护区、生态保育区的集体林全部租赁；将现位于游憩展示区、传统利用区的集体林划为生态公益林然后再租赁
试点区协议流转、特许经营	对位于游憩展示区和传统利用区的经济林，通过协议方式流转，吸引民营工商资本进行特许经营
与国有林置换	对大户造林、世界银行贷款造林的用材林采用赎买林木经营权

（二）环境教育解说

钱江源国家公园区位条件优越，非常适合开展环境教育。2018年公园提出了"环境教育立园"的理念。2018年7月，钱江源国家公园与世界自然基金会签署战略合作协议。首先，对园区内资源进行整合盘点，编写了《江源古田——钱江源国家公园环境解说》一书。其次，对园区内的标识系统进行标准化设计。最后，设立相关的自然教育课程和活动，提供多元化的主题产品和服务，积极开展研学教育活动，获得"绿色中国自然大课堂研学基地"称号。此外，在园区内还建设有钱江源国家公园科普馆，在齐溪小学设立了国家公园展示厅。

（三）乡村整治、风貌提升

钱江源国家公园内的部分行政村基础设施落后，村庄内污水乱排乱放、垃圾堆积等现象严重影响了村容村貌。为了保障"乡村整治、风貌提升"项目的顺利开展，政府投入了每年2000万元的专项资金。项目包括八项主要内容：外立面修缮、垃圾处理、污水治理、公厕改建、拓宽道路、公墓新建、杆线整治、景观改造。此外，管理局下拨专项资金用于试点内的卫生院和农村学校的基础设施提升，努力改善居民医疗和教育条件。

（四）何田片区的品牌鱼建设

国家公园品牌可以为传统产业增值。何田片区村民用山泉流水养鱼已有600多年历史，钱江源国家公园管理局与何田乡政府展开合作，推动清水鱼的

---

① 韦贵红. 中国自然保护地役权实践［J］. 小康，2018（25）：3.

规模化、标准化发展，打造"清水鱼农业文化遗产博物馆"，形成"博物馆主体＋室外清水鱼养殖遗产文化展示体验点"的空间组合模式，引进水产行业销售龙头企业，建设清水鱼冷链物流体系。何田片区还依托渔文化元素建设特色渔村，支持农户开展乡村民宿、渔家乐，通过"清水鱼文化节"等活动，实现国家公园鱼加乡村旅游新模式。

三、保护利用

（一）"清源行动"

一号行动中，对涉林涉水等项目进行全面整治。二号行动中，出台《关于禁止猎捕野生动物的通告》《野生动物保护举报救助奖励暂行办法》等文件，组建野生动物保护联防联控专项工作小组，打击非法偷盗猎野生动物。三号行动中，重点阻止非法采挖。（见表11-4）

表11-4 清源行动

清源行动	清源行动一号行动2018（综合）	周二巡护日
		考核办法
		生态巡护员
		项目前置审批
		项目退出机制
	清源行动二号行动2019（野生动物）	全县域禁猎
		野生动物救助举报奖励办法
		野生动物肇事公共责任保险
		疫源疫病监测
		承诺书
	清源行动三号行动2020（野生植物）	采伐权赎买
		生态共建委员会
		哨卡建设
		清洁森林
		林长制
		柴改气柴改电
		迁地保护
		溯源等级

（二）小水电分类处置

对小水电进行分类处置。钱江源国家公园范围内有9座水电站，其中涉及生态保育区电站4座，游憩展示区电站5座。关停生态保育区装机容量小且能资源利用率低的平坑电站、茅山电站、县林场电站、东山电站4家电站。对位于游憩展示区的齐溪电站、新朋电站、大石龙电站、库坑电站、碧家河一级电站5家水电站开展环境影响评价，并在此基础上统一安装监控设备，实时监测管控流量。

（三）"巡回审判+"模式

巡回审判因其具备便民利民、巡回进村等特点更适合用于广大乡村地区，具有司法修复、普法宣传、诉调对接三大功能。司法修复方面，被告人通过补植复绿等方式承担责任，将环境受损的乡镇作为审判地点，实现就地审判、就地修复、就地履责。普法宣传方面，通过部门联动和法制讲座等形式，实现司法与百姓"零距离"。诉调对接方面，采用诉前调解的对接机制，就地审理、就地调解，公正且高效地解决纠纷。

第三节　钱江源国家公园的建设现状问题

一、管理机制

（一）设立钱江源国家公园管理局

2019年7月，浙江省委编办组建立了直属事业单位，正处级行政机构钱江源国家公园管理局，作为省一级预算单位，由省政府垂直管理、省林业局代管，替代了原有的中共钱江源国家公园工作委员会、钱江源国家公园管理委员会。原有的生态资源保护中心调整为综合行政执法队，原有"政区合一"管理模式改为"垂直管理、区政协同"模式（见图11-1）。

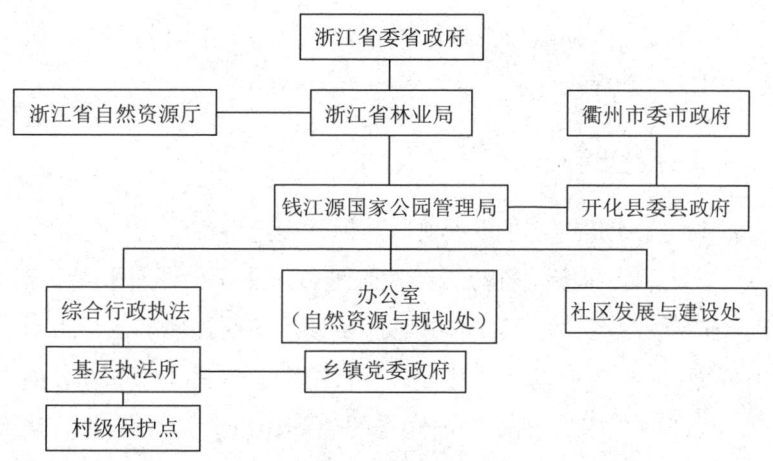

图 11-1　钱江源国家公园体制试点管理机构设置

（二）"垂直管理、区政协同"模式

该机构在人事任免权、财务预算与执行实行两个方面实行垂直管理，通过制度设计和交叉兼职，区政协同推进试点。在人事任免方面，省委组织部任命管理局党组书记、局长，省林业局任命管理局常务副局长、法人代表及其他的处级领导，管理局党组任命科级领导干部。在财务预算与执行实行垂直管理方面，作为省一级预算单位，该机构预算的执行均参照省政府垂直部门管理。在制度设计方面，省级设立省政府联席会议制度，总体安排试点建设的重大问题；市级组建了攻坚专班，体制试点工作被建设列入全市 15 项重大攻坚任务；县级设有体制试点领导小组和咨询专家委员会，主要负责处理试点的常规性任务。在交叉兼职方面，管理局党组书记由省林业局副局长兼任，管理局局长由开化县县长兼任。管理局常务正副局长均兼任开化县政府党组成员，安排开化县涉及国家公园事务。

二、运营机制

（一）资源管理机制

《建立国家公园体制总体方案》中指出"国家公园内全民所有自然资源资产应该占主体地位"，钱江源国家公园探索出集体林地地役权改革制度，不改变林地权属，通过经济补偿约束权属所有者的行为，国家公园管理机构通过授权获得其使用权和管理权[①]。

（二）特许经营机制

钱江源国家公园出台特许经营项目计划，组建特许经营评标委员会，开展项目招标、星级评定等特许经营与保护管理，对古田山庄开展特许经营试点。特许经营具有区域限制，除了在非核心区域外，还要评估确认是否对生态产生影响。特许经营者的权责以合同的形式进行约定，包括经营方式、期限以及利税返还等。特许经营需要遵循保护优先的原则，以为访客提供优越体验为目标，寻找获得经济利润、实现资源保护与社区居民发展之间的平衡。

（三）社区发展机制

社区发展与生态保护之间存在一定矛盾，基于人地共生的理念，将超出承载力的人口数进行外迁是生态保护的重要举措。钱江源国家公园在外围建设国家公园小镇，以此将国家公园内的居民吸引出来。对试点内的居民进行分类调控，根据所处环境差异执行不同的管理措施，包括社区搬迁、社区控制和社区聚居三种类型（见表11-5），搬迁费用源于国家财政拨款、管委会自筹、社会捐赠等。在分类调控的基础上完善居民补偿政策，补偿方式包括安排新的宅基地、货币补偿和产权调换三种。在权利保障方面，为搬迁居民提供就业创业扶持政策以及信贷优惠，加大就业培训力度，提供特许经营的优先权。

表11-5 社区空间管理措施[②]

管理措施	社区搬迁型	社区控制型	社区聚居型
执行对象及执行措施	对于所处条件差、用地分散、用水困难、基础服务设施困难的自然村，实施整体搬迁	对人口规模较大，居住与生产较稳定，对试点区资源有一定依赖性的自然村，限定人口迁入和人口增长、控制土地利用强度	将人口规模小、交通不便的自然村合并到临近区位条件较好、生活生产空间较大的自然村

① 汪家军，崔晓伟，李云，等.钱江源国家公园自然资源统一管理路径探索[J].中国国土资源经济，2021（2）：1-11.

② 钟林生，周睿.国家公园社区旅游发展的空间适宜性评价与引导途径研究：以钱江源国家公园体制试点区为例[J].旅游科学，2017，31（03）：1-13.

(四)社会参与机制

第一,志愿者机制。建立志愿者招募、培训、保障等系列机制,鼓励志愿者参与试点区管理。志愿者参与模式包括定期型与非定期型。成立钱江源国家公园志愿工作指导中心,通过官网、微信公众号等渠道向社会进行公开招募。管委会为志愿者提供生态保护、讲解、导引等系列培训课程,保障志愿者的基本食宿与人身安全。

第二,合作管理机制。建立包括志愿者、社会组织、科研机构、企业等在内的公众共同参与管理事务的有效渠道与平台,利用公众技能和资源促进试点区保护事业发展探讨。推进钱江源国家公园体制试点与浙江大学等大中专院校、中科院等科研机构的交流合作,建设科研基地,鼓励科研人员进行科研和检测工作,并为研学活动提供科学指导[①]。

(五)资金机制

在资金来源方面,包括财政资金投入、社会投入和市场收益三部分,国家财政和地方财政按比例投入,社会投入主要依托于社会捐赠、生态彩票募资、志愿服务节支以及资本投入等(见图11-2)。在资金管理方面,设置钱江源国家公园试点建设的专项资金,由浙江省财政管理,并将地役权改革生态补偿资金列为省财政专项,每年支出1600万元。在资金保障方面,实行收支双线管理,收入部分为特许经营和门票收入,需要上缴财政;支出部分由财政统一安排,财务公开透明,账目清晰可查。

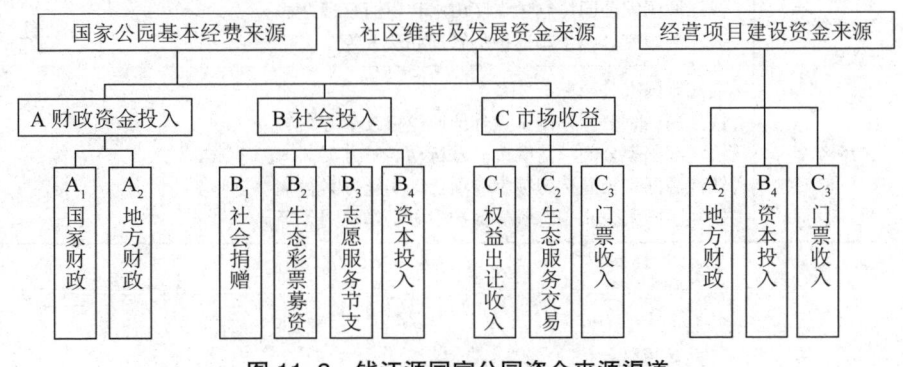

图11-2 钱江源国家公园资金来源渠道

---

① 王琳.钱江源国家公园体制试点区评价研究[D].杭州:浙江农林大学,2021.

三、协调机制

跨行政区域合作保护。行政区域有边界，而生态系统、野生动物活动无边界。钱江源国家公园实行自下而上的跨省合作保护模式，在尊重不同行政区划的前提下推动更大范围自然生态系统的保护。钱江源国家公园与江西、安徽三县七村以及安徽休宁岭南省级自然保护区签订合作保护协议；长虹乡霞川村与江西省婺源县东头村共同建设跨省联合保护站；江西德兴、婺源，安徽休宁和开化四地政法系统签订《开化宣言》；与江西省婺源县江湾镇及所辖行政村签订《环钱江源国家公园跨省合作保护考核激励办法》。

四、政策法规

为推进钱江源国家公园的建设，出台了一系列政策文件（见表 11-6）。这些文件为公园的建设提供了制度意义上的保障。

表 11-6　钱江源国家公园体制试点的规范保障[①]

时间	政策文件
2015 年	《关于建立国家公园体制试点方案的通知》
2016 年	《钱江源国家公园体制试点区试点实施方案》
2017 年	《钱江源国家公园体制试点区总体规划（2016—2025）》
2017 年	《钱江源国家公园管理条例》立法起草
2018 年	《钱江源国家公园体制试点区山水林田河管理办法》 《钱江源国家公园生态巡护员管理办法》等
2018 年	《钱江源国家公园标准体系》 《钱江源国家公园体制试点林地地役权改革方案》 《钱江源国家公园"清源"一号行动实施方案》 《钱江源国家公园标识标牌专项行动实施方案》 《钱江源国家公园生态资源保护中心工作规则》等

---

① 陈真亮，诸瑞琦. 钱江源国家公园体制试点现状、问题与对策建议［J］. 时代法学，2019，17（04）：41-47.

五、宣传推广

（一）国家公园频道

钱江源国家公园频道是我国首个国家公园专业频道，该频道开播于2019年4月，并设有《国家公园播报》《国家公园阅览》特色栏目，重点在每天晚上的黄金时段播报。钱江源国家公园频道的内容输出的形式不限于新闻、专题报道和公益广告，更是使用了综艺节目、纪录片、影视剧等更易于受众接受的新形式，展示了钱江源国家公园生态风光。

（二）媒体宣传推介

主流媒体的宣传报道可以达到全方位的宣传效果。人民日报、新华社等主流媒体都曾前往开化，对钱江源国家公园进行多角度宣传推介。钱江源国家公园也积极对接各类电视节目，中央电视广播总台GGTN为配合联合国生物多样性大会，对钱江源国家公园进行深入拍摄；《远方的家》在开化拍摄《新春行》等节目[①]。

（三）访客宣教服务

在园区内建设有钱江源国家公园科普馆，是全国森林生态开放式场景面积最大的自然类博物馆，设有"全球速览、潮涌中国、我是亚热带、丛林之旅、科研探索、历史使命"六大主题；在齐溪小学设立了国家公园展示厅，包括"开化国家公园"、"茶香小镇"与"源头教育"三大板块，设有自然环境教育体验课程；出版《钱江源国家公园自然导览》《钱江源国家公园》《生物多样性专刊》等刊物。

（四）动漫IP矩阵

钱江源国家公园的对外宣传工作一直与时俱进，2022年，公园尝试了引进动漫IP的方式，与衢州学院动漫IP研究所开展合作，为黑麂、白鹇、花臭蛙等动物设计萌宠形象，并以此为基础进行衍生设计，如设计表情包、手机主题、贴纸等。

---

① 谢剑锋. 开化国家公园的探索与实践［J］. 政策瞭望, 2015（05）: 42-45.

第四节　钱江源国家公园的管理体制改革与对策

一、改革与政策

（一）加强管控人为活动

根据 1974 年 IUCN 的定义，国家公园的准入标准包括面积、资源级别、人类足迹指数和功能全面性四个方面[①]。我国人口多、基数大，外加一些保护区为了创收超量接待游客，都会破坏当地环境。浙江钱江源是人类足迹指数未达标，且功能全面性都相对较差[②]。在未来的建设中，应降低人类生态足迹指数，实行分区保护，避免资源保护地的人为干扰。

（二）打造研学旅游品牌

开化具有深厚的研学旅游资源，并设计了 10 条自然类主题研学线路。国家公园拥有良好的生态系统和独特的自然人文景观，双碳战略目标使得绿色环保理念成为主流，双减和三胎政策也为研学旅游提供了广阔的市场。现有的自然主题类研学仍存在内容缺乏深度等问题，钱江源国家公园只有积极探索，设计特色精品课程，开发研学旅游线路，培养研学专业人才团队，提高研学品牌知名度，才能形成真正的核心优势。

二、试点创新之处

（一）"垂直管理、政区协同"的管理体制

钱江源国家公园体制试点使用"1+3+X"的管理体制。"1"是指成立钱江

---

① Dudley, Nigel .Guidelines for applying protected area management categories［M］. Switzerland：IUCN，2008.
② 田美玲，方世明.中国国家公园准入标准研究述评：以9个国家公园体制试点区为例［J］.世界林业研究，2017，30（05）：62-68.

源国家公园管理局,是省一级财政预算单位,由省政府垂直管理,浙江省林业局代管。"3"是指省市县三级协调领导小组,省级设立省政府联席会议制度,总体安排试点建设的重大问题;市级组建了攻坚专班,体制试点工作建设被列入全市 15 项重大攻坚任务;县级设有体制试点领导小组和咨询专家委员会,主要负责处理试点的常规性任务。"X"是指建立健全规范的管理制度,包括县级协同管理机制、权责清单、社会监督机制、生态监测评估机制等。

(二)创新保护地役权改革,实现资源统管

地役权改革不改变权属关系,通过合同形式明确双方的权利和义务关系,钱江源国家公园管理局仅获得使用权和管理权,并通过经济补偿的方式对权属所有者进行生态补偿。补偿资金由省财政从省森林生态效益专项资金中支出,地役权补偿资金将与省公益林补偿资金同步增长;通过地役权管理实现了试点区内重要自然资源的统一管理,也通过生态补偿的方式让拥有资源权属的农民真正从生态保护中获得红利[①]。

(三)创新性的宣传方式

钱江源国家公园频道是我国首个国家公园专业频道,也是钱江源国家公园在宣传和推动社会合作上的创新性举措。该频道开播于 2019 年 4 月,重点在每天晚上的黄金时段播报,并设有《国家公园播报》《国家公园阅览》特色栏目。钱江源国家公园频道有效增加了钱江源国家公园的信息输出,其内容输出的形式不限于新闻、专题报道和公益广告,更是使用了综艺节目、纪录片、影视剧等更易于受众接受的新形式[②]。2022 年,公园与衢州学院动漫 IP 研究所开展合作,为黑麂、白鹇、花臭蛙等动物设计萌宠形象,并以此为基础进行衍生设计,如设计表情包、手机主题、贴纸等。

---

① 臧振华,徐卫华,欧阳志云.国家公园体制试点区生态产品价值实现探索[J].生物多样性,2021,29(03):275-277.
② 洪媛琳.钱江源国家公园试点区建设及其影响机制研究[D].苏州:苏州大学,2020.

第十二章 南山国家公园

第一节　南山国家公园概况

一、基本情况

2016年7月,《南山国家公园体制试点区试点实施方案》获批,南山国家公园体制试点开始推行。南山国家公园体制试点区的总面积为635.94平方公里,位于湖南省邵阳市城步苗族自治县,由南山风景名胜区、金童山自然保护区、两江峡谷森林公园、白云湖湿地公园4个国家级保护地,儒林、丹口等7个乡镇、36个村(居)以及金紫山、云马、南洞3个国有林场中具有保护价值的区域整合而成,分为核心保护区和一般控制区两个管控区,其中一般控制区占地283.22平方公里,核心保护区占地352.72平方公里。

南山国家级风景名胜区占地18 700公顷,年平均气温11℃,最高温度不足28℃,被誉为"冬有海南三亚避寒,夏有湖南南山避暑",因其特有的高山草原而被称作"南方的呼伦贝尔"[①]。两江峡谷森林公园占地6336.02公顷,是中国南方中低海拔地区面积最大、发育最好、风景最美的亚热带常绿阔叶林顶级群落。金童山自然保护区占地18 466公顷,位于南岭山脉北部,越城岭与雪峰山脉交界处,该地区森林繁茂,沟谷交错,植物区系是华中与华南区系的过渡地带,显现出南岭山区的典型地理特点,是南岭与雪峰山脉交界处低海拔亚热带常绿阔叶林的典型代表,也是我国重要的模式标本集散地。白云湖湿地公园是湖南省唯一的高山沼泽湿地公园,地处我国中部的中亚热带丘陵地区,拥有完善的湿地复合生态系统;该生态系统由公园内永久性河流、洪泛平原湿地、库塘以及拥有苔藓、草本、木本植物等完整岩体系列的"十万古田沼泽地"构成,极具代表性和典型性。

---

① 沈勇敢,栗元帅,邹灵韵.浅谈文旅视角下南山国家公园的品牌视觉形象设计[J].传奇故事,2021(10).

二、发展历史

南山国家公园发展历史如表 12-1 所示。

表 12-1 南山国家公园发展历史

时间	具体发展
2008 年	湖南两江峡谷国家森林公园获批
2009 年	国务院批复设立湖南南山国家级风景名胜区
2012 年	国家林业局批复设立湖南白云湖国家湿地公园
2013 年	国务院批复设立湖南金童山国家级自然保护区
2016 年 7 月	国家发展改革委批复《南山国家公园体制试点区实施方案》
2017 年 6 月	经湖南省机构编制委员会批复设立试点管理机构
2017 年 10 月	经湖南省人民政府同意，正式授牌成立湖南南山国家公园管理局
2018 年 4 月	湖南省人民政府出台《关于建立湖南南山国家公园体制试点区生态补偿机制的实施意见》
2018 年 12 月	邵阳市委常委会研究通过小水电、采矿权、风电退出实施方案和生态移民实施方案
2019 年 3 月	湖南省政府印发《湖南南山国家公园管理局行政权力清单（试行）》
2019 年 8 月	国家公园办组织第三方专家评估组对南山国家公园体制试点进行中期评估
2020 年 4 月	市政府批复《南山国家公园总体规划（2018—2025）》《南山国家公园管理办法》
2021 年 6 月	《湖南南山国家公园标准体系》通过专家验收
2021 年 10 月	《南山国家公园设立方案》通过评审

三、核心资源

（一）自然资源独特丰富

国家公园生物多样性特征明显，是天然的博物馆。试点区位于华南南岭、华东、华中及滇黔桂植物区系的交叉过渡区，是我国动植物区系特殊地域代表，国家重要的动植物基因库。该植物区系具有显著的古老性和过渡性，对于研究中国南部古植被的区系的起源、演化、古气候、古地理等方面具有重要价值[1]。

---

[1] 李敏，宣晶．国家公园巡礼——湖南南山国家公园篇［J］．生命世界，2021（05）：94-95．

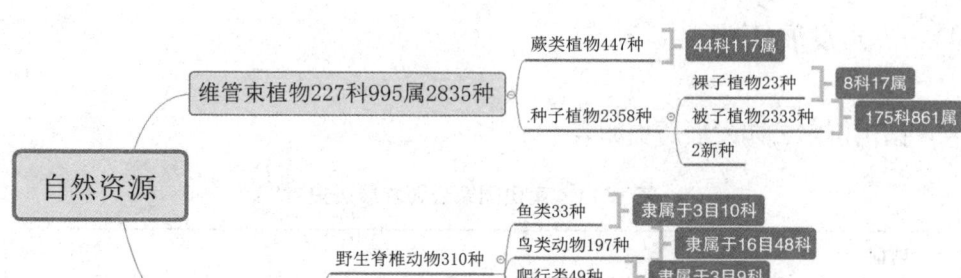

图 12-1　南山国家公园自然资源

南山国家公园内的动植物不仅数量丰富、种类多样，而且具有极高的保护价值。公园内有 6 种国家级保护生物，43 种 A 级保护生物，有 33 种中国特有植物属和 43 种中国特有脊椎动物，有 167 种湖南省重点保护野生动物、48 种湖南省新纪录物种、39 种兰科植物、46 种国际候鸟保护物种、2 种中国新纪录物种。此外，有《中国濒危动物红皮书》所列的保护动物 30 种，有被列为"国家保护的有益的或者有重要经济、科学研究价值的陆生野生动物"中的 178 种，有《濒危野生动植物种国际贸易公约》规定的保护动物 37 种。

（二）"山水林田湖草"生命共同体

南山国家公园是南方山地区域特色的典型代表，公园内包括以中南最大的泥炭藓沼泽湿地为代表的山顶湿地生态系统，以南方高海拔草甸峰林为代表的草地生态系统，以中亚热带低海拔常绿阔叶林为代表的森林生态系统，还有分布于居民住区的农田生态系统。该复合生态系统对于多样性保护具有重要的生物学意义。

（三）国际候鸟迁徙通道

在南山国家公园区域内有两条候鸟的迁徙通道，对于候鸟的迁徙和保护价值重大，被誉为"千年鸟道"。两条鸟道均为双向通道，而且是东亚—澳大利西亚鸟类南北迁徙路线的必经之处。世界上共有八条候鸟迁徙路线，其中南山国家公园拥有两条：第一条线路由城步县开始至广西龙胜结束，途经两江峡谷、铺路水村和南山牧场；第二条线路由城步县开始至广西资源县结束，途经白云湖、白毛坪镇和十万古田。在每年春季的 3 月到 5 月，候鸟由南往北迁徙；而在秋季的 9 月到 11 月，候鸟则由北往南迁徙。南山国家公园采取多种措施保护候鸟顺利迁徙，如开展关于候鸟保护的宣传教育，为过境候鸟安装跟踪器，严禁非法捕猎迁徙候鸟等，使过境候鸟数量屡创新高。

四、遗产特征

（一）"两屏三带"生态屏障

南山国家公园试点区是我国"两屏三带"生态安全战略中"南方丘陵山地带"的典型代表。我国正在全力构建"两屏三带"生态安全战略格局，"两屏"是指青藏高原和黄土高原川滇生态屏障；"三带"是指东北森林带、北方防沙带和南方丘陵土地带。南方丘陵山地带是华南与西南的生态安全屏障，作用在于推进植被修复与防治水土流失。位于南岭山脉西部的南山国家公园，刚好处于纵向山脉与横向山脉交会处，东北部平原与西南部高原之中，是南方丘陵山地带的代表。贯彻落实"两屏三带"生态安全战略，通过对于特殊区域进行保护，使得对应区域的生态得到修复，功能得到提升，方能实现真正的可持续发展。

（二）水系源头，水源涵养

南山国家公园是南方重要的水源涵养地。南山国家公园地处南岭山系和雪峰山脉的过渡区域，其中二宝顶和金紫山是越城岭的组成部分。南山国家公园是长江流域沅江水系、资江水系，珠江流域西江水系的浔江的源头、分水岭与水源涵养地。在公园内有白云湖、南山天湖等湖，白云湖是城步的饮用水源。以中山泥炭藓沼泽湿地为代表的湿地生态系统具有储存水源和净化水质的强大功能，有效净化外来污染物质，保障了该水源地的水质。

（三）多元文化交汇融合

历史文化、红色文化、民族文化在这里交汇融合。南山国家公园区域内有许多历史文化遗产，包括文物保护单位、传统村落等，数量共计 20 余个。其中，"十万古田"尤为著名，它是明代的瑶民耕作与聚落遗址，在这里保存着众多的灾难性历史文化。南山国家公园区域内有许多红色文化遗产，长安营村是历史上重要的屯兵场所。湖南是革命的发源地，在这里自然是少不了红色印记，譬如老山界红军路、高山红哨、南山牧场等。南山国家公园区域内有许多民族文化遗产，南山国家公园地处我国苗族聚居地，拥有深厚的人文底蕴。秦汉时期战乱频发，为了躲避战乱，侗、苗族迁居到了长安营村，如今，在村落中仍然保存着众多的民族文化遗产，格局保存完整的村落也是一份珍贵的民族文化遗产。

第二节 南山国家公园的规划

一、功能分区

南山国家公园的功能分区为严格保护区、生态保育区、游憩展示区、传统利用区（见表12-2）。

表12-2 南山国家公园功能分区[①]

功能分区	包含区域	面积
严格保护区	原金童山国家级自然保护区的核心区、缓冲区和部分实验区；原南山国家级风景名胜区南山片区的一级保护区、二级保护区；原两江峡谷国家森林公园部分重点保护区；原白云湖国家级湿地公园	213.64平方公里
生态保育区	湿地公园十万古田片区、新增区域的山顶一线区域	344.09平方公里
游憩展示区	原金童山国家级自然保护区的部分实验区；原南山国家级风景名胜区南山片区、白云湖片区的部分三级保护区；原两江溪谷国家森林公园部分重点保护区、一般保护区；新增区域的山腰一线区域	18.32平方公里
传统利用区	原金童山国家级自然保护区的部分实验区；原南山国家级风景名胜区南山片区、白云湖片区的部分三级保护区；新增区域的部分区域；公路沿线	59.89平方公里

① 刘冲．城步国家公园体制试点区运行机制研究［D］．长沙：中南林业科技大学，2016.

二、重大工程

（一）生态补偿

"绿水青山就是金山银山"，生态补偿可以有效调动居民参与生态保护的积极性，从而实现生态保护者与当地居民的良性互动，扎实推进当地的环境保护和生态文明建设。生态补偿也可以推进脱贫攻坚，如推动购买服务机制，把生态公益岗位提供给当地居民，为居民创收的同时为建设增添一分力量。南山国家公园已开展的六项生态补偿工作如图12-2所示[①]。

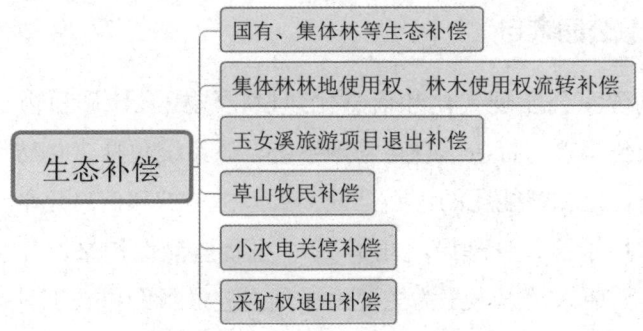

图 12-2 南山国家公园生态补偿

（二）严格保护区两年封禁

长期的超载放牧给草原生态造成了不可挽回的伤害，草原快速退化，土壤的蓄水能力下降，种种现象凸显出草原的不堪重负。2018年4月，由南山国家公园管理局、城步苗族自治县人民政府发起，对于严格保护区实行封禁管理，以期实现生态环境的修复，封禁管理为期两年。本次封禁包含十万古田、金童山、十里平坦三个地区，封禁管理的区域面积为233平方公里[②]。封禁保护意在防沙治沙，防止区域生态功能进一步退化，封禁行动能有效控制人类的活动干扰，使生态得以自然恢复。

---

① 刘富国.南山国家公园生态补偿标准研究[D].长沙：湖南师范大学，2019.
② 陈文广.南山国家公园对严格保护区实行封禁管理[J].林业与生态，2018（06）：48.

（三）草山修复

南山草甸修复项目是有力保护草山的重要举措。采用自然修复与人工修复相结合的方式，根据不同功能分区不同规划要求提供差异化修复方案。由于过度放牧等，南山草山面临着土壤沙化、水土流失的状况，需要采取修复措施。前期选择部分试验区如紫阳峰等进行试点工作，选取的区域在地形地貌上具有典型特点。对于试验区的草地进行除杂修复，同时选取不同品种的花草进行播种试验。经过不断的实践探索，多种技术措施相继发挥功效，如生态袋挡土墙、花草间插种植等。

（四）智慧公园项目

为了推动国家公园现代化和信息化建设，依托云计算和物联网等现代技术，南山国家公园着力打造信息化管理系统，该系统包括森林防火管理等八个模块。随着信息化和智能化的不断推进，无人机巡护和信息化平台开始成为智慧化监管的常用手段，管理局增建了10个生物监测保护站，并引进无人机进行地面巡逻。从原来的以人工为主要手段到引进最新的科技工具，越来越严格的保护模式为绿水青山保驾护航。以卫星遥感技术和无人机巡护为代表的天空检测，再加上以人工巡护和在地面布置摄像头为代表的地面监管，上下一体的"空中＋山上＋地面＋林中"四个维度的全方位检测构成南山国家公园信息中心，实现无死角、无盲区的精准管理。

（五）集体林"三权分置"

三权分置中的三权是指所有权、承包权、经营权。南山国家公园的集体林所占比重极大，给管理造成很多困难，如何实现集体林的生态保护成为亟待解决的问题。通过租赁进行流转是经实践检验的良策。林地每亩每年20元，生态公益林每亩每年30元。流转之后并不改变林地的所有权，同样的，林木所有权人可以继续享有各种政策性的补偿资金，流转农户每年人均增收1000元。租赁的对象是公园内已经确权发证的自留山、责任山、集体山林，管理局可以在租赁的集体林开展科研检测等必需的基础建设活动。

三、保护利用

（一）深化基础调查

作为国家公园，自然资源普查无疑是一项极为重要的常规性工作，包括对自然资源进行确权登记等。自然资源确权登记是指对园内的水流、森林、草原以及矿产资源等自然资源的所有权进行登记，也为后期的"三权置换"奠定基础。试点的自然资源普查工作从试点成立开始进行，与中科院等单位展开合作，并且在普查基础上编制了《综合科学考察报告》《植物多样性考察报告》等。除了自然资源普查和社会经济普查，试点地区还进一步进行野生动植物的摸底调查，完善公园内生物种群、生活环境、生物栖息地的基础数据。据统计，试点区新记录的动植物超过400种，其中包括新发现的植物两种，新发现的动物三种，新发现冷杉种群1500余株，华南五针松天然古树3万余株，还曾通过地面设置的摄像工具捕捉到园内林麝的影像资料[①]。

（二）健全保护机制

建设南山国家公园，需要完善的保护机制保驾护航。首先是对于资源本身的保障，南山国家公园是候鸟迁徙的重要通道，通过设置监测点和管护站等方式对候鸟通道进行保护。同时，对于生态破坏严重及具有极高生态保护的区域，尤其是核心保护区，进行封禁保护，通过自然恢复和人工恢复相结合的方式进行保护。其次是调动多方参与保护的积极性，原来的公益林管护制度已经不能适应新的发展需要，新的专职管护机制势在必行。新的国家公园森林资源管理员由原来的公益林护林员、森林防火巡山员和林业有害生物测报员整合而成。为了达到零火灾的目标，建立了园区火灾联动机制，并且在园区中安装防火系统。巡护员可以通过智慧管理平台实时查看情况，大大提高了监测效率。

（三）实施产业退出

贯彻"生态保护第一"的理念，保护生态是国家公园的主要任务。然而，

---

① 曹云.南山国家公园：探索南方丘陵山地自然保护新模式［EB/OL］.（2020-8-14）［2022-3-1］. https://mp.weixin.qq.com/s/F0gusTNOofx3tiaMno5TWQ.

矿权、旅游等产业的开发阻碍了保护生态的目标，因此园区先后制定了《产业退出实施意见》《风电项目关停退出整合方案》等，重点关停的四类产业包括矿权、小水电、风电、旅游开发，对退出产业提供生态补偿。据统计，已退出15 座矿权产业，退出 6 座小水电产业并终止 1 座小水电产业的规划，退出 1 个正在建设的风电产业项目，退出 3 个旅游开发产业项目。在产业退出的基础上进一步实行生态修复工作，提高了植被覆盖率。

（四）推行生态移民

为了生态移民工作的顺利进行，管理局进行多重部署，首先在政策上提供保障，出台了《生态移民实施方案》，对于不同功能区的居民采取有针对性的措施。对于严格保护区和生态保育区，部分居民生存条件极为恶劣，所处地区经常发生自然灾害、人口密度较大，对于这一类型的居民可以进行生态移民，通过异地扶贫搬迁的方式，对移民居民进行集中安置，同时在安置地点进行社区建设，建设具有特色的小镇及风光秀美的村落等。安置的地点较为宽泛，包括附近原有的社区，距离较近的村镇以及城步县城。异地搬迁只是第一步，如何使搬迁后的居民生活得到妥善安排才是关键，常用的手段包括为居民提供就业渠道等，帮助居民快速稳定地融入迁入地。但是，对于部分并未对生态系统产生危害的、处于偏僻区域、分布较为分散的地区的居民，可以不采用生态移民的政策，而是设置专职岗位将这部分居民吸纳为生态管护员，并对他们的生产生活设置进行改造，改造后的设施可以作为管护点使用，这种形式在提高居民生活标准的同时让居民亲身参与到园区的生态保护工作中。

第三节　南山国家公园的建设现状问题

一、管理机制

（一）成立垂直管理单位

南山国家公园包括四个自然保护地，四个保护地之间不可避免存在交叉重叠，四个自然区均有自己的管理处，管理碎片化的现象突出，对原有自然保护区进行整编方能对管辖区域实现重新划定。湖南南山国家公园管理局于2017年10月正式成立，属于公益一类事业单位，由省政府垂直管理，在原有的四个保护地管理处外，设置综合执法队，形成了管理局的五个下属事业单位；管理局还有综合处等四个副处级的内设机构（见图12-3）。在综合执法队下有四个片区执法大队，形成了综合执法队、片区执法大队、联合执法小组和森林公安派出机构四位一体的多级联动执法体系。

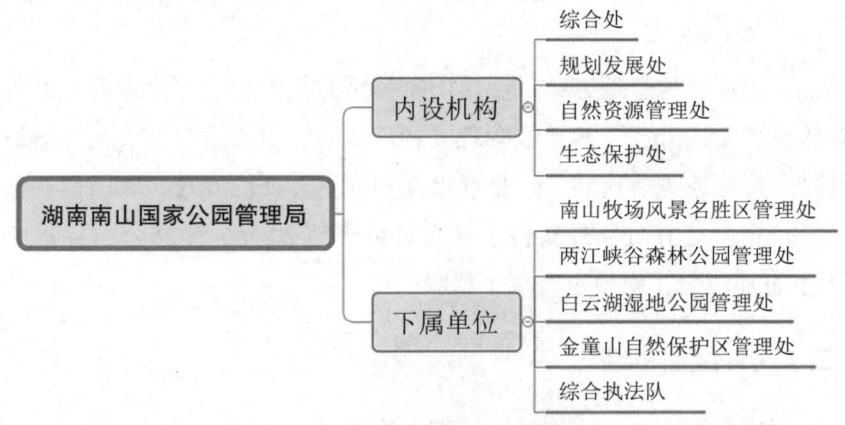

图 12-3 南山国家公园管理局

（二）行政管理授权

行政管理授权是南山国家公园探索协同管理机制的创新性举措，创新之处有两点：其一是打破了区域和部门的界限，省级市级县级不同部门的权力跨界授权；其二是打破了固有的行政层级和部门管理结构的提级授权。权力清单中下放的行政权力共计197项，来源于省级、市级、县级三级人民政府，包括行政许可和综合执法①。通过这种行政授权的形式，湖南南山国家公园管理局成为执法主体，综合执法的方式进一步分为单独执法和联合执法两种。在行政管理授权体制实施前，当园区内发生违法违规的现象时，只能通知相关的执法部门前来处理，不能及时有效地遏制违法行为，也可以说行政管理授权给管理局的执法工作提供了法律支撑。

---

① 湖南省人民政府办公厅关于印发《湖南南山国家公园管理局行政权力清单（试行）》的通知 [J].湖南省人民政府公报，2019（05）：26-28.

二、运营机制

(一)资源管理机制

第一,成立试点领导小组。湖南省成立了由省委常委、常务副省长任组长,相关12个省直部门和邵阳市政府领导为成员的体制试点领导小组,领导小组负责推进试点的工作,定期召开会议进行工作部署。试点领导小组整合园内的保护地资源,确认了各类自然资源的所有权归属,并在前期开展了包括生态移民搬迁等工作。

第二,创新土地管理方式。南山国家公园的集体林所占比重极大,所以采取了集体林"三权分置"的土地管理方式,即通过租赁使在不改变林地的所有权的基础上使土地进行流转,这是互惠互利的生态补偿方式,农民享有各种政策性的补偿资金,并且额外获得了林地每亩每年20元、生态公益林每亩每年30元的生态补偿金,农户也实现了增收。

(二)特许经营机制

南山国家公园出台《特许经营管理办法》(特许经营机制内容如表12-3所示),引进省外投资公司参与特许经营,与南山牧业公司合作,形成"企业+基地+农户"的经营模式,在控制奶牛规模的前提下,鼓励当地居民从事奶业养殖,农民收入显著增加。国家公园本身具有公益性,所以可以在一般控制区内设置部分特许经营区域,经营者通过投标获得特许经营权,并且遵守管理办法中规定的权利、责任与义务等。特许经营有优先的主体,会先考虑国有的林区林场、由于牧场改革导致被分流的职工、受制于退耕还林还草禁牧政策的农民、建档立卡贫困人员等。

表 12-3 特许经营机制内容

政策	内容
制定准入清单和标准	包括特许经营费、资源保护与环境维护措施、特许经营范围和期限等,用以规范特许经营行为
控制管理产业进入	严格控制影响生态保护的产业进入,允许符合生态主导功能的基础性、公益性建设项目进入,鼓励开展生态功能管理、维护、修复、提升的活动以及开展自然科学研究和试验发展、环境与生态监测、生态保护等活动

续表

政策	内容
科学引导产业发展	科学引导乳畜业、传统种养业发展，倡导绿色增值
鼓励特色产业发展	鼓励特色产业发展，推动乡村旅游服务业、民族传统手工业等，开发具有区域特色的绿色产品

（三）社区发展机制

第一，完善社区应急组织机构，建立各种灾害、医疗等救助应急体系，制定《有害生物灾害应急预案》《陆生野生动物疫情应急预案》《森林火灾应急预案》《地质灾害应急预案》等应急预案，建设完善应急救灾的预警监测、设施，配备必要的设备。

第二，出台试点区《社区共管实施意见》《社会协调发展管理办法》，与各村（居）签订《生态保护合作协议》，扩大公益林的区划范围，通过租赁等方式使土地流转，对林地所有者提供生态补偿，林地每亩每年 20 元，生态公益林每亩每年 30 元，不改变林地的所有权，共流转集体林地 23 万亩，试点区林地统一管理比例达 60% 以上。

第三，加强对社区公众的安全宣传教育，建立生态公益岗位制度，安置建档立卡贫困户护林员等公益管护人员 449 名，年人均收入增加 1 万元。推进特色小镇和入口社区建设，启动试点区南、北两个入口社区提质改造项目。

第四，开展南山国家公园内的社区环境综合整治：在农业中加大面源污染治理；在养殖中严格控制污染；在生活中强化污水与垃圾处理；在能源上使用绿色能源；在村庄内强化整治村容村貌。

（四）社会参与机制

第一，社会捐赠机制。社会捐赠主要依托公益基金，南山国家公园按照法律规定设立公益基金，并在公益基金中设置多个分项，分项基金全面覆盖了珍稀树种培育、珍稀动植物保护、候鸟通道保护、湿地保护等特殊专项。分项基金的设置给了社会捐赠者细化的选择，现已接受社会捐赠 420 万元。

第二，志愿者机制。志愿者的招聘主要是通过官方网站，在网站中设置专门的界面，在管理局下设有志愿者服务站，依托南山国家公园公益基金开展多项志愿者行动,如爱鸟周、世界环境日等。目前注册的志愿者超过 600 人。

第三,合作管理机制。建立健全合作伙伴制度,与国内科研院所、非政府组织成员等构建合作关系;吸引园区内的利益相关者主动加入到国家公园的管理中,如环保组织、旅游商务及贸易群体、对公共政策有兴趣的市民群体和在公园游憩的群体;与国内外科研院所、院校和各类国际组织合作,建成国内知名的科研、教学、实习基地;与国外国家公园签订国家公园战略合作协议,与世界自然保护联盟等协会展开交流合作。

(五)资金机制

南山国家公园管理局属于省一级财政预算单位,在资金投入上,中央安排的项目资金总计 1.2 亿元,省级和市级也统筹 7.35 亿元的项目资金;在资金管理上,试点区设置了一级账户统筹安排资金使用,南山国家公园的资金保障机制依托中央财政投入,以财政投入为主要手段,并探索多种筹措资金的渠道[①],如金融机构的优惠融资支持,社会资本参与,国际经济组织、金融机构、外国政府赠款贷款等;在资金保障上,南山国家公园所需资金纳入国家财政预算体系,关于落实财政资金投入的法律法规十分完善。

三、协调机制

整合原保护地的管理职责。试点区内涉及南山风景名胜区、湖南两江峡谷森林公园、湖南金童山自然保护区、湖南白云湖湿地公园,四个保护地之间交叉重叠难免存在,四个区域均有自己的管理处,管理碎片化的现象突出。我国中部地区经济发展较为落后,部分地区人地关系十分紧张,行政管理尤为混乱。对原有自然保护区进行整编方能对管辖区域实现重新划定,不改变原来自然保护地管理局的机构规模,但是把它们保留作为南山管理局的下属事业单位,整合原管理机构的管理职责。

---

① 曾晴,雷光春.南山国家公园体制试点建设经验[J].生物多样性,2021,29(03):319-320.

四、政策法规

有关南山国家公园的政策文件如表 12-4 所示。

表 12-4　南山国家公园的规范保障

时间	政策文件
2018 年	《南山国家公园集体林经营权流转工作实施方案》
2019 年	《湖南南山国家公园管理局行政权力清单（试行）》
2020 年	《南山国家公园总体规划（2018—2025 年)》
2020 年	《南山国家公园管理办法》、南山国家公园《建设管理办法》
2020 年	《南山国家公园重点保护陆生野生动物致害补偿方法》
2020 年	《湖南南山国家公园建设标准体系》

五、宣传推广

第一，形象标识。试点区建立了公园网站、微信公众号，发布了国家公园标识，在南山、两江峡谷、白云湖、金童山四个片区内设置标识标牌 4048 块（组）。制作公园形象宣传片，通过报纸等刊发宣传专版、新闻稿件等 500 余篇（条）。在各主要路口、路段等地设置永久性宣传广告牌 100 余面。第二，冠名活动。开展首届国家公园"十全十美"摄影展、"南山源"天然饮用水推介营销、"南山国家公园"山地自行车赛等国家公园冠名活动。第三，宣教服务。与湖南师范大学、中南林业科技大学等建立科研教学实习等基地。建立宣教服务中心，大力开展科普教育和环境教育体验。

第四节　南山国家公园的管理体制改革与对策

一、改革与对策

（一）多元文化打造独特产品

南山国家公园是多元文化共存的典型代表，在园区内民族文化、红色文化和历史文化遗迹等随处可见：老山界和红军纪念碑亭彰显长征文化；以苗族文化为代表的少数民族文化；以及因为苗族特有的养生秘法彰显的康寿文化。多元文化与秀美的自然风光交相辉映，共同组成了南山国家公园的人文盛景。

（二）科研合作推进成果共享

南山国家公园拥有宝贵的自然资源，相关领域的专家可以为公园的生态保护提供科技支持，提高公园的知名度，在追求生态效益的同时实现社会效益。依托科研院所，科研人员可以结合研究发表论文专著等，为园区生态保护提供学术理论基础，还能通过资源普查等形式对园区自然资源进行管理。

二、试点创新之处

（一）集体林地流转模式

扩大公益林的区划范围，公园内原有25万余亩公顷集体林地，把这部分林地补充到生态公益林和天然林保护工程范围。土地流转时对林地所有者提供生态补偿，林地每亩每年补偿20元，生态公益林每亩每年补偿30元。流转之后并不改变林地的所有权，南山国家公园管理局只是获得林地的经营权，同样的，林木所有权人可以继续享有各种政策性的补偿资金，流转农户每年人均增收1000元。租赁的对象是公园内已经确权发证的自留山、责任山、集体山林，管理局可以在租赁的集体林开展科研检测等必需的基础建设活动。

（二）首创行政权力清单集中授权机制

多头管理、权责不明容易产生九龙治水的乱象，行政管理权力授予是执法工作的有效保障。把省市县各级各部门相关的行政管理权力授予公园管理局，打破了区域和部门的界限。一是跨界授权，打破了区域和部门的界限；二是提级授权，打破了固有的行政层级和部门管理结构。权力清单中下放的行政权力来源于省级、市级、县级三级人民政府，共计197项，通过这种行政授权，管理局成为执法主体，给执法工作提供了法律支撑。

第十三章 香格里拉普达措国家公园

第一节　普达措国家公园概况

一、普达措国家公园简介

普达措国家公园是中国较早建立的国家公园之一，隶属于云南省迪庆藏族自治州香格里拉市（99°54′13″~100°11′42″E，27°43′42″~28°04′33″N），园区占地 602.10 平方公里。公园内有 3 个乡镇和 6 个村委会。公园内海拔差别很大、垂直带谱明显，拥有丰富的生物多样性、丰富的植被类型与森林植被景观和完整的生态系统类型。园区分布于中亚热带气候区，高寒山地气候特征明显。

二、普达措国家公园生物多样性

物种多样性：普达措国家公园地处横断山系的北边，物种十分丰富。现已记载了野生种子植物 140 科 568 属 2275 种，丰富度高达 160.97 种/平方千米，有国家级珍稀保护植物 8 种[①]。在普达措保护区和周边共有脊椎动物 18 目 70 科 279 种，丰富度为 19.74 种/平方千米。其中，兽类 23 科 67 种，鸟类 38 科 171 种，两栖类 5 科 13 种，鱼类 3 科 17 种。除此之外，还有很多种无脊椎动物。普达措国家公园内特有种也非常多，其中种子植物特有种的数量多达 1322 种，占其种子植物总数的 66%。

生态系统多样性：以云冷杉林为代表的寒温性针叶林是保护区内面积占比最大的，其主要分布在海拔 3200~4000 米范围内，保持着原始的状态；落叶阔叶林的面积较小，有着十分明显的次生性质，主要是以白桦和山杨为树种的过渡性次生植被。普达措国家公园的重要组成部分和植被类型是草甸和沼泽化草甸，位于碧塔海、属都湖湖盆边缘的湖滨带和湖岸地区，这起到连接湖泊水生生态系统与面山森林生态系统的桥梁作用。

---

① 袁花.云南普达措国家公园旅游产业生态化发展的可行性分析研究［J］.山西师范大学学报（自然科学版），2012，26（01）：121-124.

景观多样性：高山、水域、草甸、河流、沼泽、湖泊共同构成了多种多样的景观类型，在植被组成上形成了由耐寒森林动物群景观、高山、冰渍、冰蚀、湖泊、湿地，到耐寒草甸动物地理群景观、高山寒温性针叶林，再到高原沼泽化草甸，最后到高山寒温性草甸的生物地理景观。

遗传多样性：普达措国家公园拥有如以中甸叶须鱼为代表性的高原珍稀特有鱼类等一些独特的或是极度濒危的动植物资源，这些是普达措国家公园独有并且具备巨大开发潜力的资源。

三、普达措国家公园发展阶段

香格里拉普达措国家公园经历了不同的发展阶段，具体发展如图13-1所示。

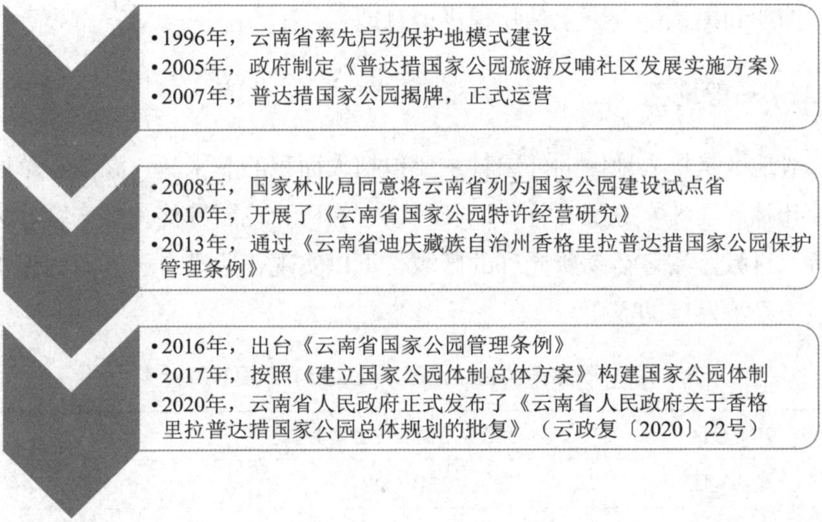

- 1996年，云南省率先启动保护地模式建设
- 2005年，政府制定《普达措国家公园旅游反哺社区发展实施方案》
- 2007年，普达措国家公园揭牌，正式运营

- 2008年，国家林业局同意将云南省列为国家公园建设试点省
- 2010年，开展了《云南省国家公园特许经营研究》
- 2013年，通过《云南省迪庆藏族自治州香格里拉普达措国家公园保护管理条例》

- 2016年，出台《云南省国家公园管理条例》
- 2017年，按照《建立国家公园体制总体方案》构建国家公园体制
- 2020年，云南省人民政府正式发布了《云南省人民政府关于香格里拉普达措国家公园总体规划的批复》（云政复〔2020〕22号）

图 13-1　1996 年至 2020 年发展阶段

第二节 普达措国家公园规划

一、功能分区

(一)核心地区

核心地区位于普达措国家公园西南部的中上段和西南部的中下段,占地面积32 101.88公顷(见表13-1)。其复合生态系统包括第四纪冰川遗迹、高山和亚高山原始寒温带森林以及寒温带针叶林等。一般以硬叶常绿阔叶林和草甸为主。普达措国家公园的主要森林植被为云杉和冷杉森林群落以及高山杜鹃群落,为棕熊和黑颈鹤等野生动物提供栖息地[①]。

(二)一般地区

一般地区是核心地区的外层,主要包括大面积的灌木丛、湖泊、草原、寒温带针叶林和硬叶常绿阔叶林,以及牧场、农田和花园等传统生产区。它是生产生活、科教监测等活动所允许的区域,可以实现普达措自然资源的保护,也可以满足经济发展的需要。

表13-1 香格里拉普达措国家公园勘界后面积统计表[②]

功能分区	勘界后面积(公顷)	比例(%)
核心地区	32101.88	53.32
一般地区	28109.11	46.68
总面积	60210.99	100.00

---

① 王子芝,李玥,华世明,等.基于生态保护加权的普达措国家公园功能分区研究[J].南京林业大学学报(自然科学版),2021,45(6):225-231.

② 昆明信息港.香格里拉普达措国家公园勘界立标 核心保护区占总面积的53.32%[EB/OL].(2022-1-18)[2022-3-1]. https://www.kunming.cn/news/c/2022-01-18/13466067.shtml.

二、重大工程

（一）生态保护

为了将《香格里拉普达措国家公园总体规划》更完善地编写和更好地落实，相关部门进行了园区资源调查，截至现在，《香格里拉普达措国家公园总体规划》已经编写完成了近六成。在中央的财政支持下，湿地保护这个项目顺利展开。建设生态定位站，加强与科学研究机构的合作，重点监测主要保护对象，如寒温性针叶林等。设置了201个生态保护管理监测程序、3套综合监测系统（针对水质、土壤、大气、噪声等）、6个林化影像监测铁塔，"天地空"一体化的科学监测体系逐渐完善。在2018年，园区内1处尾矿库关闭并退出，至此，公园内的水电工程和生态移民搬迁现象就消失了。

（二）社区发展

实行《普达措国家公园旅游反哺社区实施办法》，对于公园内的居民就业问题进行积极解决，创造更多的就业岗位，如对于园内的环保问题进行参与、巡查保护，允许开展特许经营等活动，居民得以解决生活问题。对于园区内的约3700名居民，为他们提供1500余万元（来自年度运营收入），用作教育补助和直接经济赔偿。依从《普达措国家特许经营管理办法》和《普达措国家特许经营实施方案》，建立了以公司与社区入股分红的洛茸村旅游山庄运营管理模式，在适度保持传统产业的前提下，引导园区内社区逐步向以开展乡村生态旅游服务、林下经济、外出就业等复合型发展方式转变，增强社区群众的自主就业能力[1]。

（三）试点保障

对《云南香格里拉普达措国家公园保护管理条例》进行修改和补充。重新整理合并各个级别各个类型的资金1.08亿元，将其主要投放在湿地保护与基础设施建设等项目上。积极提高相关工作人员的整体素质，如派出工作人员参

---

[1] 中华人民共和国国家发展和改革委员会.国家公园体制试点进展情况之九：香格里拉普达措国家公园［EB/OL］（2021-4-26）［2022-3-1］. https://www.ndrc.gov.cn/fzggw/jgsj/shs/sjdt/202104/t20210426_1277473.html?code=&state=123.

加各个层级的培训工作,并与各个高校合作,搭建科技平台。由中央投资支持1.05亿元,普达措国家公园经营企业筹集近6亿元,共同建设诊所、科普教育中心、观光栈道、垃圾处理点、环保厕所等保护性基础设施,以确保公园管理的正常发展。

三、保护利用

普达措国家公园是发展起步较早的国家公园,早在1996年,云南省即秉承"保护优先、合理利用、持续发展"的原则,开展了保护地模式①。进入21世纪后,普达措国家公园得到了较快的发展(见图13-2)。

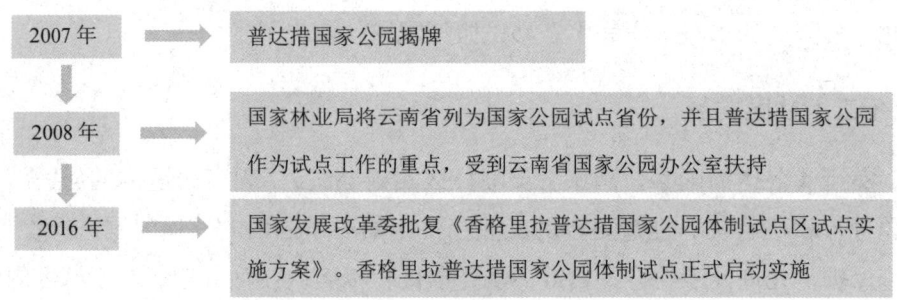

图13-2 香格里拉普达措国家公园发展历程

在公园尚未建立的时候,当时的经营者和居民向游客提供烧烤、租衣、照相、牵马等活动,这不单单对当地的草甸和湿地生态环境影响非常大,而且对整个生态系统造成一定层面的损坏,甚至是造成火灾隐患②。

针对这种情况,普达措国家公园在保护和利用生态环境方面的作用集中体现在:

(1)以法律法规为着力点,对普达措国家公园内的自然资源和生态环境进行强有力的保护,这为其环境保护打下了制度基础。

(2)在公园建成后,取消烧烤、服装租赁、摄影、犬马等各类旅游经营业

---

① 刘静佳.基于功能体系的国家公园多维价值研究:以普达措国家公园为例[J].学术探索,2017(01):57-62.

② 张一群,孙俊明,唐跃军,等.普达措国家公园社区生态补偿调查研究[J].林业经济问题,2012(4).

务，进行科学规划和管理，对社区居民给予一定补偿。为了减轻对高原湿地的破坏，进行一系列的改变，如取消碧塔海景区的供游客游览的马队，取而代之的是乘环保观光车进入。

（3）对于当地居民来讲，政府通过支持、教育、引导等一系列方式，让当地居民放弃依赖消耗生物资源的生活方式，让他们参与公园的管理和生态反馈，形成自觉的保护行动。

普达措国家公园的旅游活动，仅仅运用4.58%的范围，便实现了95.42%范围的有效保护[1]，也实现了"既功在当代，也利在千秋"的可持续性生态价值。

第三节　普达措国家公园的建设问题

一、运营机制

（一）人员素质有待提高

普达措国家公园位于高海拔区域，工作生活条件较为艰苦，难以吸引高素质的人才前来就业，在目前的从业人员中，仅有少数人是本科以上的学历；大量缺乏管理人才和科研人才，使得普达措国家公园难以开展高效的运营和管理工作。

（二）资金障碍

云南省与迪庆州两级地方政府对普达措国家公园的财政拨款非常有限，然而系统良好运行的重要保障是持续性的资金来源。国家将固定的建设经费和事业经费拨给国家级自然保护区，林业部门则需要承担公园中的森林保护和管理上所需的经费，迪庆州地方政府负责解决普达措国家公园的人员事业经费。但是巨额的项目经费，需要企业自己筹集。

---

[1] 赵树丛.积极推动国家公园建设[N].科技日报，2014-07-29（024）.

（三）保护与开发不统一

普达措国家公园管理局和迪庆藏族自治州旅游开发公司共同管理普达措国家公园。普达措国家公园管理局是公园管理的主要协调机构，负责其日常事务处理和相关法规的执行；迪庆藏族自治州旅游开发公司负责园区的旅游规划和投资。然而，由林业和草原局下属的碧塔海自然保护所来负责普达措国家公园的森林和野生动植物保护。因为上述机构所属的体系不同，导致这三者相对独立，缺乏沟通与协助，长时间以来有着权责模糊的弊端，所以保护与开发不统一，使得管理效率低下、资源不能合理分配[①]。

二、协调机制：跨部门、跨区域协调

云南省内的国家公园，全部是在自然保护区的基础上改变而来，这就导致其总体规划沿用"自然保护区＋旅游区"的模式，旅游开发的内容已经十分完善，但是在保护方面却停留在表面工作上。而且，决策与管理的潜在矛盾，集中体现在土地的权属和类型问题上。

2020年底，在国家公园体制试点的评估与验收工作中，国家验收组向云南省提议，"合理布局普达措国家公园空间范围，按照生态完整性原则研究整合周边具有重要生态价值的区域"，并且在《国家公园管理局办公室关于征求相关国家公园体制试点区范围优化建议意见的函》（公园办函字〔2021〕1号）中提出了《香格里拉普达措国家公园体制试点区范围优化建议》。云南省林业和草原局对《香格里拉普达措国家公园体制试点区范围优化建议》进行认证分析，合理避让建议范围内符合政策的矛盾冲突，并在国家公园管理局给出的指导下，《建议方案（省级反馈稿）》拟将香格里拉普达措国家公园体制试点区的面积从602平方公里扩大到1537平方公里。

目前，拟调出公园内89.32公顷的永久基本农田，与此同时调入935平方公里的新增区域。但是，由于各部门与区域的协调问题，和文件中所建议的新增30.73万公顷面积相比，拟调入公园面积大大缩减。

---

① 白帆，赖庆奎.普达措国家公园社区林业现状调查分析[J].内蒙古林业调查设计，2011（2）：82-84.

（一）存在边界纠纷，矛盾冲突严重

国家建议的新增面积大多处于云南与四川交界处，由于历史上的一些原因，一直存在着一定的边界纠纷。再加上受到虫草、松茸等资源所带来的利益驱动，多次发生为夺取资源而引发的百姓流血冲突事件。从 2002 年开始，迪庆、甘孜两州以及周围的县、乡各级人民政府为了维护涉藏地区的和谐稳定，先后 10 多次协商边界问题，但是在实际过程中，两省群众为了各自的利益，仍时有发生越界争夺资源的问题。目前国家公园的管理结构并不能解决这种边界资源问题。

（二）利益关系复杂

国家所建议的新增地区内有大量的旅游设施建筑，如酒店、餐馆等，前期投入很大，这就使得利益关系更加交错与复杂。三江并流世界自然遗产红山片区内的巴拉格宗、碧融峡谷等旅游景区被划入新增地区，但是这些景区建设了大量旅游设施。根据不完全统计，单单一个巴拉格宗景区，其旅游投入就已高达 10 多亿元，资金性质更是涉及私人、政府、国企等，而且作为省级重点建设的旅游小镇，巴拉格宗已经规划了大量的住宿设施。一旦被划入国家公园，就需要拆迁这些已建的、和国家公园定位不符的大量旅游设施，这高额的拆迁费用无疑又是当地政府和国家公园管理局的一个大难题。

三、政策法规

自然保护区和国家公园之间有着重合问题，这就在管理上制造了很大的麻烦。由于云南省的国家公园基本上是在之前的国家级或者省级自然保护区基础上创立，所以受到《中华人民共和国自然保护区条例》的约束，这就使得国家公园陷入两难的境地——是保护还是开发，如果国家公园打破原先自然保护区的功能分区，那么就不符合其管理的目的、设立的目标以及标准。由此可见，制定针对国家公园的政策和法规十分必要。就目前而言，云南省在国家公园的立法建设方面已经取得了一些成果。2013 年 9 月 25 日，《云南省迪庆藏族自治州香格里拉普达措国家公园保护管理条例》在云南省第十二届人民代表大会常务委员会第五次会议上批准通过。2015 年，《云南省国家公园管理条例》由云南省第十二届人民代表大会常务委员会审议通过。但是，就目前来说，其立法的层级较低，尚未推出更高层级的政策法规。

第四节　管理体制改革与对策

一、建立和完善适用于我国国家公园的法律法规

国家公园进行管理和保护的根本是健全的法律法规，这有助于经营单位受到管理部门和社会公众的管理与监督。国家公园作为我国的一种新型管理形式，需要有完善的法律法规来保障其可持续性发展。2016年，《云南省国家公园管理条例》正式出台，这是我国第一部国家公园地方立法。2021年，云南省政府建立了云南省国家公园体制试点工作领导小组，推进与落实"一园一法"，在实际中做到"有法可依、有法必依"。

二、建立合理的利益分配体制

在建设国家公园的过程中，要考虑到各方的利益，并建立更加合理的利益分配体制，从而解决当地经济发展落后问题并鼓励当地居民参与国家公园建设。以适当的分配体制，充分考虑到普达措国家公园周边居民的利益，依靠公平就业、给予一定补偿费等方式，达成保护普达措国家公园环境、提升周边居民生活水准的目标。

三、资金建设

国家公园需要强大的资金支持，以维持其日常运营等活动，这就需要有创新型的融资渠道以及良好的资金管理体制。如建立普达措国家公园基金会，向广大社会公众和组织募集资金；加大普达措国家公园自身的宣传力度，吸引更多海内外生态保护组织的支持与帮助。除此之外，中央政府应增加对国家公园

的财政支持，减轻国家公园运营的经济负担。应以提高资金使用率为中心，加强资金管理体制，建立更加公平的资金管理和运营体制。除了旅游开发和设施维护外，普达措国家公园筹集的资金应优先用于生态补偿、自然资源恢复和生态保护、科研和周边社区的社会公益。

第五节　普达措国家公园的特色创新

一、构造新型社区发展模式

云南省将"社区发展"融入国家公园的功能之中，公园整体布局内包含周边居民生活的区域，以多种方式去构建可持续性社区发展模式。

开始建立社区产业发展长效扶持机制。为了提高周边居民的服务技能和产业之间的联动效应，迪庆州政府与公园经营企业共同出资，在中心社区搭建访客接待设施，这使得周边居民能够参与服务接待和售卖当地生态的农牧产品，并且每一户在每一年都能得到至少 2 万元的分红。

继续完善旅游收入回馈社区发展的机制。自《普达措国家公园旅游反哺社区发展实施方案》颁布以来，普达措国家公园每一年将在运营的收入中拨付 1500 万元营业收入，为周边近 3700 名居民提供直接经济补偿和教育支持。

社区优先就业扶持机制具有显著成就。周边居民获得优先被聘请的机会，并且经营企业也优先对其提供就业岗位。在种种机制的作用下，有些居民家庭的年净收入能够达到十几万元。

二、搭建信息化服务平台

以大数据为核心的普达措国家公园建设，以大数据、云计算、物联网等信息手段建设"一中心、两平台、三网、四系统"的普达措国家公园综合管理信息服务平台，打破了传统的指挥、监控格局，丰富了国家公园在信息化建设方面的经验，为其他国家公园甚至是自然保护地区提供了经验借鉴和技术参考。

第十四章 祁连山国家公园

第一节　祁连山国家公园概况

祁连山国家公园——我国建立国家公园体制过程中设立的首批试点之一。2017年《祁连山国家公园体制试点方案》由中央全面深化改革领导小组审议通过，标志着祁连山国家公园体制试点正式开始实施。祁连山国家公园总面积5.02万平方公里，地处青藏、蒙新、黄土三大高原交会地带，是中国重要的生态功能区、西北地区重要生态安全屏障和水源涵养地，其试点区域范围内森林、草原、荒漠、湿地均有分布。

一、园区规划范围

祁连山国家公园试点区地处甘肃和青海两省交界处，园区总占地面积5.02万平方公里，分甘肃省片区和青海省片区。甘肃省片区占地面积3.44万平方公里，占试点区总面积的68.5%；青海省片区占地面积1.58万平方公里，占总面积的31.5%。

园区行政区划范围涉及甘肃和青海两省，甘肃省涉及酒泉、张掖、武威、金昌、兰州5市的阿克塞、肃北、肃南、民乐、甘州、山丹、永昌、凉州、古浪、天祝、永登11个县（区）及山丹马场；青海省涉及海北、海西、海东、西宁（州、地、市）的大通、民和、乐都、互助、门源、祁连、刚察、德令哈、大柴旦、天骏10个县。

二、生物资源多样性

祁连山国家公园生物资源尤为丰富，分为植物、动物和真菌资源，涵盖大部分生物资源种类。园区生态系统主要由自然生态体系与人工生态体系所构成，两者镶嵌分布，形成了适宜多种不同动植物、微生物栖息的生态环境，自然生态环境体系包括草地、林地、沙漠、寒漠、冻原、农田、水体、冰川等，而人工生态体系则包括草场、村庄、文化活动区等，多类型生态环境为生物物种多样性奠定基础①。

第二节　祁连山国家公园的建设过程

一、发展历程

2015年1月，《建立国家公园体制试点方案》表明祁连山国家公园成为我国首批设立的10个国家公园体制试点之一。

2017年，《祁连山国家公园体制试点方案》由中央全面深化改革领导小组审议通过，祁连山国家公园体制试点正式开展。

2018年10月，祁连山国家公园管理局在甘肃省兰州市揭牌。

祁连山国家公园管理局的成立标志着祁连山国家公园试点发展进入新阶段，体现在如下三方面。

第一，资源环境保护得到提高。为切实打造适合祁连山国家公园的管理体制，开展以下工作：对祁连山国家公园的资源开展全面研究，对甘肃片区资源全面进行统一确权登记管理等工作，探讨在试点区域内矿业、水电站等各行业的投资退出制度②。为实现保护为主发展为辅的国家公园宗旨，对祁连山国家公园采取分区控制措施，对核心自然保护区与一般控制区实施差别化管理，促进生态系统和自然资源的有效保护。

第二，社会协调制度逐步完善。为实现在国家公园相关管理工作中社会主导、全民共管的宗旨，祁连山国家公园采取生态保护与精准扶贫结合的措施，创建生态管护公益岗位机制，优先在建档立卡贫困人口中选聘生态管护员，完

---

① 孙小霞.甘肃祁连山自然保护区青海云杉主要嫩梢害虫预测预报技术研究[D].兰州：甘肃农业大学，2006.
② 潘彬彬.祁连山国家公园筑牢国家生态安障[EB/OL].(2018-08-01)[2022-3-1]. http://mini.eastday.com/a/180801083706087.html.

善生态管护员上岗制度[①]。同时在周边社区发展生态产业，提高产品的生态价值，使社区居民成为国家公园最大受益者。

第三，完善中国生态环保监测网络系统。为了更好地监管祁连山国家公园的自然环境，园区内启用天地空间合一的生态环境监测网络，稳步开展整体规划、机构建设等项目，同时积极探索国家公园的研究科普、特许运营、旅游管理、生态建设环境保护补偿奖励政策等管理措施。

二、分区范围

祁连山国家公园分为核心保护区和一般保护区，其中核心保护区2.75万平方公里，占国家公园总面积的55%；一般控制区2.27万平方公里，占国家公园总面积的45%。

核心保护区范围包括：冰川雪山等重要溪流发源和汇水区、聚集连片的林间灌丛、典型沼泽地和草场、脆弱草场、雪豹等珍稀濒危生物的重要栖息和重要廊道等范围。核心保护区内，对祁连山国家公园的生物主体，采取严密的保护措施，以维持自然生态体系的基本功能。

把祁连山国家公园内除核心保护区之外的地区划定为一般控制区。穿越核心保护区内的路段及规划道路两侧左右七百米范围内，根据我国一般控制区的管控规定实施管理。祁连山国家公园内一般控制区是必须采取重大工程保护措施开展生态恢复的重要地区、国家公园建设最集中的地区、影响城市居民传统生活与产出的重要地区，还包括为公民创造亲近大自然、感受自然环境的文化宣教场地等范围，是我国国家公园园内与园区外之间的重要缓冲区与承接转换地。

三、管控措施

祁连山国家公园属我国主体功能区规划中的国家限制发展范围内，其核心保护区已列入我国国家生态环境保护红线区域控制范畴，并实施最严厉的保护

---

① 潘彬彬.祁连山国家公园筑牢国家生态安障［EB/OL］.（2018-08-01）［2022-3-1］.http://mini.eastday.com/a/180801083706087.html.

措施。

（一）核心保护区

核心保护区管控措施包括：依法禁止人为活动，减少人为活动对天然生态环境系统的影响。长期保持园区范围内生态自然性，保护生态的原真性。严格防护冰川雪山和多年冻土带，有效维持固体蓄水功能。严格保护雪豹等野生动物栖息地的整体性与连通性，确保稀有濒危野生动物群体稳定发展。对园区内的自然生态系统和自然资源实行有效严格管控。优先进行生态建设搬迁，把分散的居民村屯集中安排在试点区以外或者就近安排到一般控制区；不得开展任何生产经营活动，全面禁牧，优先安排禁牧人员参加生态建设公益性职责管理工作；不得毁林毁草、烧山、对天然草原进行垦殖；不得私自进行道路路面翻新、提升、扩建等基础建设；不得私自对人饮灌溉防洪设施做维修保护；不得设置动物围墙，已有围栏经评估后逐步撤除；不得开展动物体验活动和游览。除必需的动物栖息地管理之外，原则上不得采取人工造林、种植等自然恢复措施。

（二）一般控制区

一般控制区管控措施包括：依法控制人为活动，采取必要的生态保护措施以逐渐还原自然生态体系原貌。通过提高林木覆盖率和草原植被覆盖度，提高其水源涵养的功效。保护草畜平衡，拓展野生动物生存空间，促进雪豹等野生动物群体的复壮。促进市民生产生活方式改变，缓解经济社会发展中对土地资源消耗巨大的压力，建立城市绿色发展模式。严格实行土地空间使用管理，按照重大生态工程、基础设施建设、市民生产生活方式和社会可持续发展等管理目标，对一般控制区采取差异化的管理举措。

在建设生态修复地时，采取以自然恢复为主，适当人工干预的生态建设工程保护措施，重点做好河湖、自然湿地、天然林地、自然草场等环境保护，修复退化森林草原植被，整治退化农田。不得私自进行交通整治、提升、道路拓展等基础建设；不得形成村屯增量，在充分尊重居民意愿的前提条件下逐步进行生态化迁建；严禁毁林、烧山、在天然草场垦殖；不得私自进行人饮灌溉防洪设施维护；将已有的围栏根据评价结果逐步撤除；不得进行与环境保护目标相悖的活动。

在城镇建设居民生产生活区，按照规划的城乡边界开发要求，确定国家公园范围内城镇居民生产生活的边界，进一步完善村镇建设规划与管理体系，实现国家公园规划建设和城市城乡建设融合发展。从严管理控制利用，严格控制因工程建设和农业发展而挤占的生态空间。

四、核心价值

祁连山地处我国地势三级阶梯中第一、二阶梯分界线、我国温度带分界线以及西北干旱半干旱区与青藏高寒区分界线上。由于祁连山的存在，我国西北干旱荒漠地带呈现出绿岛景观，孕育了森林、草原、荒漠、湿地等自然生态系统，为雪豹、白唇鹿、马麝、黑颈鹤等珍稀濒危动物提供栖息环境，具有重要生态意义。通过近几年的生态保护，祁连山已具有较好的天然生态体系的完整度和原真性。

（一）全球高海拔地区生物多样性保护示范意义

祁连山国家公园位于青藏高原东北边缘，平均海拔为 3000 米以上，因其独特而丰富的生物多样性，成为我国 32 个生物多样性保护优先区之一，是世界高寒种质资源库，同时也是野生动物迁徙的重要廊道。园区内植被带有典型的西北热带特性，高山特化、干旱化的迹象较明显；园内动物地理分区主要以古北界居多，体现为东西向过渡型。特别是冰、冻等原生态的农业体系，受气候条件影响体系相对闭塞，在漫长进化中，才逐渐形成适应恶劣条件生存的生物多样性。

（二）形成加强保护生物多样性的共识

祁连山是我国重要生态功能区之一，肩负着保护青藏高原区域内生态平衡、维持绿洲稳定及长江与河西内径流补给的重担，是我国冰川和水涵养的重要生态功能区及我国西南部地区重要的生态建设安全屏障，在生态文明建设中占据战略地位。从 1988 年开始，政府在祁连山上分别审批设立了自然保护区、森林公园、风景名胜区、湿地公园、地质公园等不同类型的保护地。中央在祁连山开展了"三北"防护林体系建设、天然林资源保护、水源涵养林建设、退耕还林及野生动植物保护等生态工程。"十二五"以来，中央财政积极支持在园区内实施草原生态保护补助奖励政策。2012年，经国务院批准，国家发展改革委印发《祁连山生态保护与综合治理规划（2012—2020年）》，对祁连山国家公园的生态保护与修复工作做出系统安排。甘肃、青海两省政府根据中央委员会对环境保护管理工作提出的具体要求，全面贯彻并落实我国生态文明建设战略，积极推动国家生态功能区建立、自然环境综合整治、生态保护红线圈定等各项管理工作。上下联动，共同开展各项工作，形成祁连山地区生态保护管理的广泛共识。

（三）建立祁连山区生态文明制度体系

习近平总书记在十九大报告中指出，"建设生态文明是中华民族永续发展的千年大计"。甘肃、青海两省政府在贯彻落实党中央部署，弘扬生态文明理念上取得显著成就。结合地区实际情况，出台一系列推进生态文明建设的方案、意见、指标体系和考核办法，积极开展生态文明体制改革试验，完善生态文明制度体系，初步搭建符合中央要求、具有两省特色的生态文明制度体系。

第三节　祁连山国家公园的管理体制

国家公园建设应当坚持生态保护第一、保持资源国家所有性、全民公益性和广泛的社会参与性等原则，形成统一、规范、有效的管理机制。管理体制具体表现为决策力、执行性、监管力、协作力和生产力"五力"[①]。如果在中央政府层面国家公园管理局的设置能较好地解决决策能力的问题，则按照生态保护治理体制原理、政府职能分解和事权界定原则，祁连山国家公园的管理体制将顺应我国政治体制改革的大局，着力解决执行力、监管能力、管理协同力和生产力等几个方面问题，从纵向和横向两个层面部署：在纵向上建立以"国家公

---

① 王金南，秦昌波，田超，等.生态环境保护行政管理体制改革方案研究[J].中国环境管理，2015，7（05）：9-14.

园管理局—地方管理分局—基层管理局"为主轴线的垂直管理系统；在横向上建构政府主导、多方利益主体参与的合作协调的机制。

一、机构设置及权职权责

祁连山国家公园的管理，即在国家公园管理机构下设祁连山国家公园管理局，代表中央直接行使所有权，承担对园区内自然资源的维护、管理与经营，并承担园区内的土地空间使用管理，代表国家行使相关法律法规执法权。在中国祁连山国家公园管理机构的统一领导下，逐步突破了行政区域界线，遵循天然界线、临近或相似地段与行政区域相结合的原则，实行统一、垂直的三级管理体制。

在国家层面，设有祁连山国家公园管理局。园区内所有的自然资源资产使用权由中央直接行使，由我国林业和草原总局（国家公园管理局）共同统一承担自然资产管理和土地空间使用管制。依托我国林业和草原总局驻西安森林资源监察特派员办公室，设立了祁连山国家公园管理处，机关驻地兰州市。祁连山国家公园管理处的重要职能：拟订统一规范的我国主题公园城市规划、生态建设环境保护政策和技术标准；负责实施国家公园区域内自然负债调查结果统计分析管理工作，向资源部办理确权备案；负责制定公园的中央投资预算和政府融资安排等。

在省级层面，设立祁连山国家公园甘肃省管理分局和青海省管理分局，以统筹行使其管辖区域内的国家自然资产管理保护和土地空间使用管制等职能，并履行国家自然资源资产出资人和保值增值职能；负责实施国家资源调查、检测、评价，制定国家自然资源资产负债表，制定国家自然资源资产目录名单、台账和动态变更管理机制等。

在所在地的各州市县，应依托现行国家保护区、国有森林公司等政府机构，并根据统一效能的原则，整合国有公园内所有各级保护区、森林公园、风景名胜区等机构及其职能，在分局下设若干管理处（场、站、所）。将祁连山国家公园内涉及资源利用与生态环境保护工作的地区，政府及相关主管部门机构职能和工作人员部分划转至国家公园管理，将负责公益性管护工作的国有林场划转至国家公园管理，将各种保护地管理职责全部划入国家公园管理。

二、运行及协调机制

祁连山国家公园内国有自然资源所有权、监管权与经营权相互分开，按照"国家政府拥有、地方政府授予、特许运营"的管理模式，建立专业经营管理市场主体单独管辖，各方协同参与运营的管理机制。园区内我国现有自然资产所有权归属于中央；管理权归属于祁连山国家公园管理局；经营权归属于祁连山国家公园管理局国家政府特许的经营者，以经营管理协议的形式规范运营活动。由祁连山国家公园管理局行使权利，并坚持整体优化、规划、不做行政区划调整，行使管理主体职能。完善祁连山国家公园内的各种保护地及其管理机制，统筹执行祁连山国家公园的自然资源资产监督管理职能，依法进行严格保护。

祁连山国家公园地跨甘肃、青海两个行政区域，利益关系较为复杂，如跨区资源保护、环境污染整治、公共基础设施建设、社会公益管理、旅游规划、生物多样性保护管理等问题，包括国家公园和原有的各类天然保护地、国家公园管理单位和地方政府间的利害关系，及不同行政区域的利益关系。仅依靠地方单边政府管理无法克服多元化的利益冲突，需要依靠中央、地方政府、社会居民、中小企业等多元化利益相关者的联合管理。

参考法国国家公园体制改革的治理模型，祁连山国家公园建立了由财政主导、多方主体参与的合作协商机制[①]。在组织设置上，在甘肃、青海两省国家公园监督管理分局下均设有国家公园理事会，秘书处则设置于国家公园管理所内；国家公园管理局是该国家公园的最高级别决定机关，主管与该国家公园建立与管理相关的工作，并执行监督，合理界定祁连山国家公园管理机构职权和当地政府的监督管理职能。

三、多元化资金保障体制

祁连山国家公园的资金保障体制建立在中央和地方政府的支持、社会力量的捐助及多方志愿活动的基础上，充足的资金来源与收入是国家公园实现公益

---

① 苏红巧，苏杨，王宇飞. 法国国家公园体制改革镜鉴[J]. 中国经济报告，2018（01）：68-71.

性的保障。部分国家公园资金收入七成以上来自中央政府拨款,其他收入来自特许经营、门票收入及社会捐赠。2010年美国联邦政府对国家公园的拨款占公园总经费的70%左右[①]。英国国家公园运营管理经费中3/4由国家财政拨付,剩下的1/4由地方政府出资[②]。国家公园代表着一个国家的面貌和实力,社会力量对国家公园认同度不断提高,其捐助力度便会增大,一定程度上减轻了政府的财政负担。此外,个人和团体参加志愿者服务活动,大大减少了管理费用和运营成本。因此,国家公园的门票价格很低甚至免门票。

四、社会参与和国际合作

自然保护地与公众之间以国家公园作为窗口,公众参与是国家公园公共性的体现,各国十分重视公众的广泛参与,并具备严格的法律保障民众享有充分的知情、参与、监督和决策权利[③]。目前,祁连山国家公园已建立社会资本投入运营管理机制,并设立义工个人招聘、报名、培养、绩效评价制度和激励机制,积极吸纳各界义工尤其是年轻人加入祁连山国家公园的服务。同时,加强与其他国家和有关国际机构的沟通,积极参与全球天然保护地联合组织活动。

1. 社区投入管理机制

祁连山国家公园内建立社区投入与运行功能的管理机制,积极引导当地社会、企业、高校和个人积极投入祁连山国家公园的建设与发展,积极带动社区村民加入生态管护工作,增强环境保护意识,加快生态和绿色社会建设。为广大社会劳动者创造职业岗位,扩大居民收入,为农村贫困人口创造就业渠道。积极引导高校和中小学学生以社会团体或个人的形式,积极参加祁连山国家公园的自然教育活动,并吸引其参与祁连山国家公园管护、宣教、科学普及教育等业务工作。主动接纳社会群体、公益机构参与公园建设,鼓励这些群体和机构积极参与对祁连山国家公园工作的民主监督,并对祁连山国家公园的维护管

---

① 王永生.取之有道,用得其所:国外国家公园经费来源与使用[J].西部资源,2010(1):51-53.
② 陈英瑾.英国国家公园与法国区域公园的保护与管理[J].中国园林,2011(6):61-64.
③ 马勇,李丽霞.国家公园旅游发展:国际经验与中国实践[J].旅游科学,2017,31(3):33-51.

理、社会发展、科学监测、自然体验等方面提供意见。

2. 志愿者服务质量机制

通过完善志愿者服务的个人招聘、报名、培养机制，以及服务质量绩效评价制度和激励，积极吸纳社会各界志愿者群体尤其是年轻人加入祁连山国家公园的服务活动。制定祁连山国家公园义工登记管理制度，选拔并登记义工，确定义工录取名单，设立义工存档制度和服务质量存档制度；对义工开展岗前培训和工作技术培训，以协助志愿者群体顺利开展工作，并提升服务质量。设立祁连山国家公园义工考核与评估机制、星级考核机制等，定期分组进行考核和奖励，同时颁发义工称号以及相关的服务质量奖牌。

3. 全球协作沟通制度

增进同其他国家和有关国际机构的沟通，积极参与全球自然保护地联合组织活动。构建与各国天然保护地的协作沟通机制，建立全球交流平台，积极推动祁连山生态环境保护技术与贸易协作，与其他国家和国际机构共享科技和管理经验，共同提高环境保护水平。并积极参与落实各国所签订的有关贸易条约和宣言，参与完成《联合国生物多样性公约》《联合国防治荒漠化公约》等国际公约。

五、现有政策法律体系

法规体系是国家公园管理工作的基础依据和保证。如美国国家公园的立法系统相对健全，美国各级人民政府分别有基本法、授权法、单行法和部分地方政府法律，授权立法数量也较多，每个国家公园单体都有由议会通过或总统令公布的授权立法文本，如《黄石国家公园法》[1]。

祁连山国家公园根据《建立国家公园体制总体方案》《中华人民共和国森林法》《中华人民共和国自然保护区条例》等相关法律，并根据生态环境保护红线进行保护管理；同时，2020年8月11日起实施的《祁连山国家公园特许经营管理暂行办法》为祁连山国家公园管理提供法律支撑。

---

[1] 杨建美.国家公园立法体系研究[J].曲靖师范学院学报，2011，30（4）：104-108.

第四节　祁连山国家公园的管理体制改革及对策

一、推动社区协调发展，构建社区共管机制

积极推进农村社会生产生活方式转变。开展农村生态移民，对符合条件的村民可择优安置参加农村生态、社区服务等公益性岗位；妥善处理历史遗留问题，园区内的工矿企业有序退出管理机制；建立特许经营管理机制，以带动社区健康、平稳的发展；积极扶持引导产业转型，根据共性技术问题统一规范尺度以及个人问题一矿一策的基本思路，分级进行，有序撤出。严格履行土地空间管制规定，运用各种方法帮助社区村民发展替代生计；聘请祁连山国家公园内的村民从事生态建设管护公益性岗位和社区服务公益性岗位工作，使其履行保护站及森林公安的部分职责，这样既可以实现保护区的目标，也可以节省大量成本，是多赢的环境模式[①]。

研究构建农村社会发展新模式，构建社区共管管理机制。实施城乡振兴战略，积极推动社会主义美好农村建设，对民生设施改造工程项目给予必要的资金扶持，实施生态社区、智能社区、和谐社区等试验示范。充分发挥中国少数民族的传统生态自然观，积极做好自然文化教育、技术训练与指导工作，增强社区村民自我保护与劳动技能训练，使更多的社区村民成长为生态环境保护的有效力量。完善政务信息发布、重要事件发布与社区诚信体系建设。进一步完善生态环境保护协调与管理，形成政府部门、企业、社区机构、社会公民等的多元化一体管理机制，对利益关联群体建立有序分工和协作的机制。

二、注重生态系统保护，助力文化遗产传承

遵循自然生态体系的完整性、原真性、系统性以及规律性，科学整合国家

---

① 丁文广，刘迎陆，田莘冉，等．祁连山国家级自然保护区创新管理机制研究［J］．环境保护，2018，46（Z1）：41-46.

公园内生物自然环境各要素，按照建立自然森林田湖草地生命共同体的宗旨，以水源地内涵和多样性保育服务为核心内容，对冰川、沼泽地、原始森林、草地等资源开展整合养护、系统恢复，着力增强水源地内涵和多样性保育服务的功能。

（一）注重生态系统保护，完善配套设施建设

按照实际管护面积确定天然防护站、管护站点的数量，对于地势较陡峭、无法到达或具有天然屏障的地方，可按照实际情况将其设定为临时天然防护站。参照国际先进理念完成基础设施和配套设施建设，使基层员工能够在舒适、方便的环境中开展保护管理工作，共需完成保护站建设80处，其中，升级改造50处、新建30处保护站点，包括：甘肃省片区升级改造28处、新建12处，合计40处；青海省片区升级改造22处、新建18处，合计40处。（见表14-1）

表14-1 祁连山国家公园自然保护站规划表

片区	自然保护站名称	类型	自然保护站名称	类型
甘肃	盐池湾自然保护站	升级改造	马蹄自然保护站	升级改造
	疏勒自然保护站	升级改造	西营河自然保护站	升级改造
	石包城自然保护站	升级改造	大河口自然保护站	升级改造
	老虎沟自然保护站	升级改造	马场自然保护站	升级改造
	碱泉子自然保护站	升级改造	东大河自然保护站	升级改造
	鱼儿红自然保护站	升级改造	上房寺自然保护站	升级改造
	祁丰自然保护站	升级改造	祁连自然保护站	升级改造
	隆畅河自然保护站	升级改造	哈溪自然保护站	升级改造
	康乐自然保护站	升级改造	乌鞘岭自然保护站	升级改造
	西水自然保护站	升级改造	古城自然保护站	升级改造
	寺大隆自然保护站	升级改造	华隆自然保护站	升级改造
	东大山自然保护站	升级改造	大黄山自然保护站	升级改造
	龙首山自然保护站	升级改造	十八里堡自然保护站	升级改造
	昌岭山自然保护站	升级改造	夏玛自然保护站	升级改造

续表

片区	自然保护站名称	类型	自然保护站名称	类型
甘肃	扎子沟自然保护站	新建	暖泉湾自然保护站	新建
	党河湿地自然保护站	新建	野牛台自然保护站	新建
	野马河自然保护站	新建	三角台自然保护站	新建
	乌呼图自然保护站	新建	野马大泉自然保护站	新建
	哈尔腾自然保护站	新建	马米沟自然保护站	新建
	塔合巴斯陶自然保护站	新建	宝瓶河自然保护站	新建
青海	八盘山自然保护站	升级改造	油葫芦自然保护站	升级改造
	伊克拉自然保护站	升级改造	扎麻什自然保护站	升级改造
	雪山牧场自然保护站	升级改造	黄藏寺自然保护站	升级改造
	老虎沟自然保护站	升级改造	青羊沟自然保护站	升级改造
	金洞沟自然保护站	升级改造	芒扎自然保护站	升级改造
	一棵树自然保护站	升级改造	加木沟自然保护站	升级改造
	硫磺沟自然保护站	升级改造	苏里自然保护站	升级改造
	寺沟自然保护站	升级改造	花儿地自然保护站	升级改造
	初麻院自然保护站	升级改造	瓦乎斯自然保护站	升级改造
	野牛沟自然保护站	升级改造	龙门自然保护站	升级改造
	央隆自然保护站	升级改造	木里弧山自然保护站	升级改造
	哈拉湖自然保护站	新建	陇孔自然保护站	新建
	托勒河源自然保护站	新建	大拉洞自然保护站	新建
	古古拉自然保护站	新建	潘家峡自然保护站	新建
	塔里华自然保护站	新建	边麻自然保护站	新建
	讨拉沟自然保护站	新建	默勒滩自然保护站	新建
	宁缠自然保护站	新建	珂珂里自然保护站	新建
	青阳河自然保护站	新建	沙龙滩自然保护站	新建
	扁都口自然保护站	新建	阳康自然保护站	新建
	峨堡自然保护站	新建	尕河自然保护站	新建
合计80处自然保护站，其中：甘肃省片区40处，青海省片区40处。					

（二）构建生态扶贫模式，健全生态补偿机制

在处理生态建设脆弱区域的环保问题时，优先考虑农户的脱贫问题，必须要将脱贫与生态建设结合，当地政府或其他专业救助组织处理农户的脱贫问题，农牧民维护本地的自然环境，在自然保护区内开展这种"生态化帮扶"工作项目，以促进可持续性环境保护总体目标的达成。同时，当地政府在自然保护区内要推动生态补偿制度的落实，通过制定《生态补偿管理条例》，以法理、法律等形式建立代内、代际性的自然环境公平的具体补偿制度，自然保护区的生态补偿往往牵涉复杂的社会利益关系调整，因此必须确立相关生态补偿标准制度，及具体的资金来源、补偿途径、补偿方法和保障制度。

（三）致力文化遗产保护，助力文化传承

祁连山国家公园聚居着汉族、藏族、回族、蒙古族、土族、裕固族、哈萨克族、撒拉族等30多个民族，民族文化资源丰富，非物质文化遗产多种多样，丝路文化、敦煌文化、农耕文化、游牧文化、河湟文化、民族文化和红色文化等在此源远流长，成为中华优秀传统文化的宝贵精神财富。深入挖掘其中的丰富内涵，汲取祁连山各民族传统文化中的生态文化成分，实现传统生态文化的创造性转化和创新性发展，为祁连山国家公园生态文明建设提供文化滋养。

开展祁连山国家公园文物普查工作。明晰祁连山国家公园内各民族非物质文化遗产基本状况，编制《祁连山文化资源保护与利用专项规划》，将文化保护规划相关内容纳入国家公园管理规范。完成文物保护单位"四有"工作。为做好历史文明村镇、街区和传统村落总体布局与历史风貌的维护，因地制宜地进行文明生态村建设、历史文明古村落古民居保护区的建设。

创新文物保护安全监管工作模式。层层落实文物保护安全工作监管责任，建立文物保护安全监管职责标准、文物保护应急管理体系标准，明确出土文物安全管理保卫人员的岗位职责，促进文物保护安全监管规范化、标准化。利用非物质文化资料数字平台，对已整理、经过科学评价的非物质文化遗产加以保存，从而形成声、像、文字"三位一体"的非物质文化资料数字平台。

推动国家文物保护资源信息化共建。推动国家文物保护、使用、管理、科研等信息化集成的共建工作，建立我国国家公园文物保护资料信息库，把文物

保护资料信息融入祁连山国家公园自然资源资产经营管理综合信息系统，进行国家文物保护信息互联互通和资源共享的合作。加强同国内有关科研机构和专家学者间的协作，积极构建合作研究关系，组织并参加相应的国际学术交流活动、培训、座谈等，特别是开展社区参与在文化资源保护中的作用与潜能等优秀个案的经验分享与交流合作，为国家公园开展相应的研究项目和保护人才的培养提供支撑。

三、重点突出自然教育和生态体验功能

祁连山是中国西部主要生态安全屏障，在严格坚持环境保护制度的前提下，遵循绿色、循环、低碳理念，通过适应环境保护需要，制订独具祁连山特色的自然教育活动与生态体验项目，以提高公众守护自然的意识。

通过自然生态体验、传统人文感受、在线互动教学、入口社区教育等方法，形成祁连山国家公园自然环境教学和生态体验的一站式系统。同时，在祁连山国家公园一般控制区内设置自然教育中心、自然解说步道、生态科普馆、野外科普标识等自然教育设施，设置生态文化村、生态徒步道、露营地等生态体验设施，为访客在祁连山的游览提供便利①。

四、建立金融支撑体系，实行特许经营

充足的资金来源与收入是国家公园实现公益性的保障，部分国家公园资金支持七成以上来自中央政府拨款，其他收入来自特许经营、门票收入及社会捐赠。祁连山国家公园因其经济活动开发受限，资金远不能满足园区保护管理的支出需求。因此，在确保国家公园生态保护和公益属性的前提下，应探索多元化财政投入和资金使用管理制度。如积极争取国家公园专项资金，保证正常的运营费用，同时借助旅游开发自主筹集，自我发展。世界上多数国家公园正是

---

① 国家林业和草原局（国家公园管理局）.祁连山国家公园总体规划（征求意见稿）［EB/OL］.（2019-2）［2022-3-1］.https://www.doc88.com/p-1478459005001.html.

采用了这种小范围开发和较大范围保护协调发展的模式①。

《祁连山国家公园体制试点方案》出台前，园区由旅游企业经营，通常旅游开发以营利为主，但是国家公园具有公益性的特性，因此祁连山国家公园应建立与国际接轨的管理权与经营权分离的特许经营机制②。国家公园管理局应对特许经营企业进行统一规划、招标分配与运营监管，并对特许经营项目的类型、数量、活动范围、经营时间做出明确规定。同时，明确管理部门与特许经营者之间的利益分配机制，使其既可以获得合理的利润，又可以为国家公园保护筹措资金。

五、建立天地空一体化监测、科技支撑体系

（一）建设自然资源与生态监测体系

建立天地空一体化资源与生态监测系统，为园区生态环境保护和发展提供技术支撑。根据祁连山国家公园资源与生态体系的特点，进行生态环境与生态系统的综合检测和评价，选取资源、环境背景、干扰因素三大类的检测指标，着重进行资源本底和环境动态变化等监测，并对冰川雪山、林木灌丛、草原草地、河流沼泽等典型复合生态体系开展重点检测。根据监测结果，构建总体、地区、生态系统等不同尺度的综合评价机制，实施祁连山国家公园内生态系统状况、生态系统服务功能、生态多样性、生态安全、生态承受能力等动态评价管理工作，并将评价成果定期向社会发布。

创新数据采集方式，拓宽数据获取渠道。整合现代通信、网络、人工智能等高新技术，运用有线无线融合网络、视频监控、自动传感、红外相机、振动光纤、无人机、直升机等技术手段，充分利用已有各类数据资源，对接区域测绘地理信息时空大数据和云平台，实现对自然资源、生态因子、森林火险及人为活动等方面进行实时监测和数据实时传输。同时，充分利用现有各部门监测站点，形成密度适宜、功能完善的监测地面站点体系，建立全天候快速响应的

---

① 田世政，杨桂华.中国国家公园发展的路径选择：国际经验与案例研究［J］.中国软科学，2011（12）.

② 刘翔宇，谢屹，杨桂红.美国国家公园特许经营制度分析与启示［J］.世界林业研究，2018，31（5）.

天地空一体化监测系统。

（二）建设科技支撑体系

祁连山国家公园管理局依托已有的生态监测评估机构和林草调查部门，建立祁连山国家公园生态环境监测评估平台，主要负责实施祁连山国家公园生态监测，重大生态工程的监测和效益评估，及相关监测技术规程的制订和培训等。同时，成立祁连山国家公园生态环境分析实验室，提供相关技术支撑，如修复治理技术、监测技术、流域水循环规律等，为祁连山国家公园建设提供科技支撑[1]。进一步强化同海内外专家的紧密协作，构建祁连山国家公园科技专家智库，围绕成果转移的重要环节，重点建设科技成果转化信息服务、关键技术转移、评价与分析等平台。

---

[1] 国家林业和草原局（国家公园管理局）.祁连山国家公园总体规划（征求意见稿）[EB/OL].（2019-2）[2022-3-1]. https://www.doc88.com/p-1478459005001.html.